Ralf Dahrendorf · Homo Sociologicus

Studienbücher zur Sozialwissenschaft   Band 20

Ralf Dahrendorf

Homo Sociologicus

*Ein Versuch zur Geschichte,
Bedeutung und Kritik der Kategorie
der sozialen Rolle*

15. Auflage

Westdeutscher Verlag

Josef König zum 65. Geburtstag

Fünfzehnte Auflage 1977
Vierzehnte Auflage 1974

© 1958 und 1964 Westdeutscher Verlag GmbH, Opladen
Umschlaggestaltung: studio für visuelle kommunikation, Düsseldorf
Druck und Buchbinderei: Lengericher Handelsdruckerei, Lengerich/Westf.
Alle Rechte vorbehalten. Auch die fotomechanische Vervielfältigung des
Werkes (Fotokopie, Mikrokopie) oder von Teilen daraus bedarf der vorherigen
Zustimmung des Verlages.
Printed in Germany

ISBN 3-531-21122-6

Vorwort

Der vorliegende Versuch war ursprünglich Teil einer nicht zur Veröffentlichung bestimmten Festschrift aus Anlaß des 65. Geburtstages meines verehrten Lehrers, des Göttinger Ordinarius für Philosophie Josef König, am 24. Februar 1958. Der Aufsatz erschien dann in zwei Teilen in den Heften 2 und 3 des 10. Jahrganges der Kölner Zeitschrift für Soziologie und Sozialpsychologie. Dem Westdeutschen Verlag bin ich für die Bereitschaft zu Dank verpflichtet, einen unveränderten Abdruck dieser Fassung nunmehr gesondert herauszubringen.

Thema und Absicht der Überlegungen zur Gestalt des *homo sociologicus* ist die Suche nach einer Elementarkategorie für die eigenständig soziologische Analyse der Probleme des sozialen Handelns. Wenn Durkheims »soziale Tatsachen« mehr sind als eine Fiktion, dann muß es möglich sein, diese mit der ganzen Strenge erfahrungswissenschaftlicher Methodik zu beschreiben und in bestimmten Problemzusammenhängen zu erklären. Für solche Beschreibung und Erklärung nun ist nach der These des folgenden Essays die Kategorie der sozialen Rolle zentral. Diese Kategorie ist in jüngerer Zeit insbesondere in der englischen Ethnologie und amerikanischen Soziologie entwickelt worden: insofern erfüllt mein Essay für einen kleinen Bereich den in Deutschland noch immer dringlichen Auftrag der Rezeption. Der Begriff der Rolle läßt indes in seiner gegenwärtig international akzeptierten Ausprägung noch manche Frage offen; insofern liegt meine Absicht in seiner Verfeinerung und Weiterführung. Schließlich führt gerade die Suche nach Elementarkategorien uns immer wieder an die logischen und moralischen Grenzen der Soziologie; insofern sind die hier erörterten Probleme eingebunden in eine philosophische Kritik der Chancen und Gefahren einer Wissenschaft von der Gesellschaft.

Daß mein Versuch, die soziologische Grundlagenforschung durch einen kritischen Beitrag anzuregen, hier noch einmal in »unveränderter Fassung« erscheint, heißt weder, daß sein Autor ihn in irgendeinem Sinn für fertig hält, noch daß er es seinen Lesern zuzumuten beabsichtigt, ihn als solchen zu betrachten. Es wäre gewiß auch möglich gewesen, einen Band von 400 Seiten über Nutzen und Nachteil der Kategorie der sozialen Rolle zu schreiben. Doch erschiene mir eine derart ausführliche Behandlung eines noch vielfach fragwürdigen Gegenstandes weder der Sache selbst noch der Notwendigkeit kritischer Auseinandersetzung angemessen. Mit den zehn kurzen Abschnitten des vorliegenden Essays verbindet sich für mich einerseits die Überzeugung, daß in ihnen alles zur Grundlegung einer informierten Diskussion Nötige gesagt ist, andererseits die Hoffnung, daß diese Diskussion zu vielfachen Korrekturen, Ergänzungen und Verfeinerungen Anlaß geben wird.

Schon jetzt sind einige Anzeichen für eine solche kritische Auseinandersetzung vorhanden, die ich mit Dankbarkeit vermerken möchte. Dabei hat es den Anschein, daß die Kategorie der Rolle selbst von immer mehr Forschern als sinnvoll übernommen, ihre Gestalt im einzelnen dabei modifiziert und abgerundet wird. Im Bereich der Soziologie hat Professor Dr. H. Popitz schon vor der ersten Veröffentlichung dieses Aufsatzes einen (bisher nicht publizierten) unabhängigen Versuch unternommen, diesen wichtigen Begriff zu präzisieren. Neben vielen anderen Hinweisen scheint mir vor allem der Vorschlag von Popitz sinnvoll, den Begriff der Rollen*erwartung* in gewissen Zusammenhängen durch den der Rollen*zumutung* zu ersetzen. In der Nationalökonomie sind einige meiner Kollegen an der Akademie für Gemeinwirtschaft gegenwärtig mit der Prüfung der Frage beschäftigt, ob sich die enge Konzeption des *homo oeconomicus* möglicherweise durch eine entsprechend adaptierte Fassung des Rollenbegriffs fruchtbar, d. h. ohne Verzicht auf die Strenge der ökonomischen Theorie, überwinden ließe. In philosophischer Absicht hat der ursprüngliche Adressat des vorliegenden Versuches, Professor Dr. Josef König, sich die Mühe gemacht, mir in einem ausführlichen Brief eine Reihe wesentlicher Anregungen für die Verfeinerung und Anwendung des Rollenbegriffes zu übermitteln, die ich in späteren Arbeiten aufzunehmen beabsichtige.

Die Überlegungen dieses Essays sollen nicht nur die Diskussion innerhalb und außerhalb der Soziologie anregen, sondern sie beruhen selbst schon auf zahlreichen Gesprächen vor allem mit ausländischen Freunden und Kollegen. Wesentliche Anregungen habe ich vor allem von den in der Anmerkung 1 Genannten empfangen: Dr. Joseph Ben-David, Dozent der Soziologie an der Hebräischen Universität in Jerusalem, Dr. Hellmut Geissner, Lektor für Sprechkunde und Sprecherziehung an der Universität des Saarlandes in Saarbrücken, Dr. Philip Rieff, Associate Professor der Soziologie an der Universität von Kalifornien in Berkeley, und Dr. Fritz Stern, Associate Professor der Geschichte an der Columbia-Universität in New York [*]. Konzeption und Niederschrift der hier vorgelegten Arbeit waren Ergebnis eines knappen Jahres inspirierter Muße als Fellow am Center for Advanced Study in the Behavioral Sciences in Stanford, Kalifornien.

Hamburg, im Februar 1959 R. D.

---

[*] *Ph. Rieff* ist heute Ordinarius für Soziologie an der Universität von Pennsylvanien in Philadelphia, *F. Stern* Ordinarius für Neuere Geschichte an der Columbia-Universität in New York.

Vorwort zur vierten Auflage

Nur mit Bedenken habe ich mich entschlossen, der vierten Auflage des *homo sociologicus* ein eigenes Vorwort auf den Weg zu geben. Einerseits handelt es sich um eine zwar erweiterte, aber doch im Kern unveränderte Version der früheren Auflagen; andererseits liegt in einem neuen Vorwort immer auch ein neues Bekenntnis des Autors zu seinem Werk. Mir fallen nun jedenfalls mehr gute Gründe dafür ein, mich nicht zu der ursprünglichen Fassung des *homo sociologicus* zu bekennen als für das Gegenteil. Vielleicht ist es gestattet, die wichtigsten dieser Gründe wenigstens kurz zu erörtern.

Da ist erst einmal die schlichte Tatsache zu bedenken, daß für jemanden, der am Anfang seiner wissenschaftlichen Entwicklung steht, eine sechs Jahre alte Schrift eben sehr alt ist. Vieles, wohl das meiste, würde ich heute, nachdem ich es noch einmal oder mehrmals durchdacht habe, anders sagen; manche Ergänzung, die ich vornehmen würde, wäre nicht nur eine Verfeinerung, sondern auch eine Veränderung des hier Versuchten. Es wäre zwar mehr als unfein zu versuchen, mit diesem Hinweis heimlich einen Generalpardon einzuholen; auch ist es nicht meine Absicht, wesentliche Thesen des Essays zu widerrufen (nicht einmal die der vielumstrittenen philosophierenden Schlußabschnitte). Indes kann ich doch nicht umhin zu gestehen, daß ich manches an diesem Essay heute als unzulänglich empfinde.

Zum subjektiven gesellt sich das objektive Ungenügen. Seit dem ersten Erscheinen des *homo sociologicus* sind nicht wenige Arbeiten herausgekommen, die die soziologische und philosophische Problematik des Rollenbegriffs behandeln; andere, ältere Veröffentlichungen sind mir erst nach der Niederschrift bekanntgeworden. Mit den seltenen Ausnahmen von Theodor Geigers so wichtigen (und falsch benannten) *Vorstudien zu einer Soziologie des Rechts* und auch seiner auf deutsch noch immer nicht zugänglichen *Sociologi* sowie Heinrich Popitz' Basler Antrittsvorlesung über »Soziale Normen«, hinter der man weitere, noch unveröffentlichte Arbeiten zum gleichen Themenkreis vermuten darf, wird man verallgemeinern dürfen, daß dabei deutschsprachige Beiträge in der Regel das philosophisch-anthropologische Umfeld der Rollenanalyse behandeln, während im engeren Sinn soziologische Ansätze noch immer eine Domäne der angelsächsischen Forschung sind. Bei den ersteren denke ich etwa an Richard Behrendts *Der Mensch im Lichte der Soziologie*, Arnold Gehlens *Anthropologische Forschung*, einige Arbeiten von Werner Maihofer und Helmuth Pleßner sowie dann spezieller an Lothar Phillips' *Ontologie der sozialen Rolle;* zu den letzteren gehören Einzelanalysen wie Robert K. Mertons »The Role-Set« oder F. Rommetveits *Social Norms and Roles,* vor allem aber grundlegende Studien von der Art der überragenden *Theory of Social Structure* des allzufrüh verstorbenen S. F. Nadel. Zwischen philosophischer Anthropologie und soziologischer Analyse steht Erving Goffmans vom Amerikanischen Soziologenverband mit Recht preisgekrönte, ebenso amüsante wie subtile Studie *The Presentation of Self in Everyday Life*. Genug der Beispiele; denn jede Liste muß ungenügend bleiben. Sie sollen hier nur den Zweck erfüllen, alle jene Leser vor dem *homo sociologicus* zu warnen, die etwa meinen, durch diesen Essay schon hinlänglich in einen Forschungsansatz der Soziologie eingeführt zu werden.

Zu der Literatur, deren Vorhandensein eine unveränderte Neuauflage schwer verantwortbar macht, gehört auch eine Reihe von unmittelbar auf diesen Essay bezogenen Beiträgen. Eine Auswahl von Titeln habe ich im Anhang II zu dieser Auflage zusammengestellt. Nicht aufgenommen sind hier viele zum Teil umfangreiche Rezensionen sowie Veröffentlichungen, die sich auf den *homo sociologicus* beziehen, ohne ihn kritisch einzuschränken oder weiterzuführen. Wenn irgend sich mein Versuch als fruchtbar erwiesen haben sollte, dann durch die Kritik, die er allenthalben – und keineswegs nur in der Soziologie – angeregt hat. Es ist mir keine Phrase, daß wir Fortschritt in der wissenschaftlichen Erkenntnis nur durch lebhafte gegenseitige Kritik erzielen können; und ich bin besonders froh, durch meinen Essay in diesem Sinne gewirkt zu haben. Allerdings beschäftigt mich die Beobachtung, daß die Kritik fast ausschließlich am anthropologischen Rahmen meiner Darstellung angesetzt hat, ohne die immanent soziologischen Konsequenzen dessen, was in der Annahme des soziologischen Menschen enthalten ist, auch nur zu berühren. Streiten wir Soziologen uns vielleicht so ausgiebig über die Voraussetzungen unseres Tuns, daß wir zu diesem Tun erst gar nicht kommen? Eine Stellungnahme zu einigen kritischen Einwänden habe ich in einem für einen anderen Zweck verfaßten Aufsatz versucht, der im Anhang I zu dieser Auflage abgedruckt wird. Die Grenzen dieser Replik – die ihrem ursprünglichen Kontext gemäß zum Teil Rekapitulation ist – sind zu deutlich erkennbar, als daß ich sie hier noch einmal nachzeichnen müßte.

Der Rollenbegriff und der Denkansatz, der sich mit ihm verbindet, hat sich inzwischen auch in der deutschen Soziologie eingebürgert. Darüber hinaus hat er in vielen Nachbardisziplinen Beachtung gefunden. Einige Beispiele dafür habe ich schon im Vorwort zur ersten Buchauflage des *homo sociologicus* erwähnt. Inzwischen sind mir theologische und pädagogische, rechtsphilosophische und psychologische, wirtschaftstheoretische und literaturwissenschaftliche Veröffentlichungen zu Gesicht gekommen, die den Rollenbegriff fruchtbar verwenden. Mancher Autor meint allerdings, es handele sich nicht um eine Begriffsgruppe – Rolle, Position, Sanktion usw. – und eine These – »Der Mensch verhält sich rollengemäß« –, sondern um eine »Rollentheorie« und damit gar um das Privatsystem eines Einzelnen, das dieser den Fachgenossen zu suggerieren sucht. Nun gibt es gewiß eine Rollentheorie bzw., wie ich lieber sagen würde, eine Rollenanalyse: nämlich die Untersuchung der Genesis sozialer Rollen, ihrer Binnengestalt, etwa der Rollenkonflikte, also die ganze »soziologische Atomphysik«. Aber die Anwendbarkeit der hier gemeinten Begriffe und Thesen ist keineswegs auf diesen Bereich der soziologischen Elementaranalyse beschränkt. Noch viel weniger handelt es sich um einen prinzipiell willkürlichen, in diesem Sinne privaten Ansatz. Daß die Rollenanalyse nicht meine Erfindung ist, brauche ich wohl nicht zu betonen. Im übrigen sind die ihr zugehörigen Begriffe und Thesen Versuche der Rationalisierung der Welt unserer Erfahrung, die sich durch ihre Erklärungskraft auszuweisen haben. Nichts liegt mir ferner, als noch ein weiteres Begriffssystem aus der unendlichen Zahl der logisch möglichen und der allzu großen Zahl der in der kurzen Geschichte der Soziologie schon erfundenen Begriffssysteme zu ersinnen, in deren Sprache man soziale Dinge – wenn man will – reproduzieren, die man aber genausogut im Bücherschrank verstauben lassen kann.

Indes mahnen auch diese kurzen Hinweise nur an die Unzulänglichkeit des Versuches, den ich hier noch einmal vorlege. Es fehlt also nicht an Gründen, ihn nicht unverändert weiter zu veröffentlichen. Warum dennoch eine Neuauflage? Nun, ich habe mich dem Dilemma dadurch zu entziehen versucht, daß ich zwei Wege parallel beschreite. Alles, was dem *homo sociologicus* fehlt, was er nicht und noch nicht enthält, ist Gegenstand eines nun allerdings mehr als sechsmal so langen Traktats, den ich unter dem Titel *Elemente der Soziologie* demnächst veröffentlichen zu können hoffe. Was der *homo sociologicus* dagegen an Anregung und einleitender Information enthält, mag in der Form bleiben, in der es ursprünglich abgefaßt war: in der Form eines Essays, der seiner Natur nach mehr Türen öffnet als schließt und mehr Programm ist als Leistung.

Tübingen, im Dezember 1963 R. D.

I [1]

Wir sind gemeinhin wenig beunruhigt durch die Tatsache, daß der Tisch, der Braten, der Wein des Naturwissenschaftlers sich in paradoxer Weise von dem Tisch, dem Braten und dem Wein unserer alltäglichen Erfahrung unterscheiden. Wenn wir ein Glas abstellen oder einen Brief schreiben wollen, dann bietet sich ein Tisch als geeignete Unterlage an. Er ist glatt, fest und eben, und ein Physiker würde uns mit seiner Bemerkung wenig stören, daß der Tisch »in Wirklichkeit« ein keineswegs solider Bienenkorb von Atomteilchen ist. Ebensowenig kann uns der Chemiker den Geschmack am Diner verderben, indem er Braten und Wein in Elemente auflöst, die als solche zu verzehren wir schwerlich je versucht sein werden. Solange wir das Paradoxon des wissenschaftlichen und des Alltagstisches nicht in philosophischer Absicht anvisieren, lösen wir es auf einfache Weise. Wir handeln so, als seien der Tisch des Physikers und unser Tisch zwei verschiedene Dinge, die in keiner relevanten Beziehung zueinander stünden. Während wir auf der einen Seite durchaus bereit sind, dem Physiker einzuräumen, daß *sein* Tisch für ihn ein höchst wichtiger und nützlicher Gegenstand ist, sind wir auf der anderen Seite mit *unserem* Tisch gerade darum so zufrieden, weil er nicht ein vielfach durchlöcherter Bienenkorb von bewegten Teilchen ist [2].

[1] Die folgenden Überlegungen verraten an mehreren Punkten den Einfluß von Gesprächen mit Freunden. Für wesentliche Anregungen schulde ich insbesondere *Dr. Joseph Ben-David* (Jerusalem), *Dr. Hellmut Geissner* (Saarbrücken), *Professor Dr. Philip Rieff* (Boston) und *Professor Dr. Fritz Stern* (New York) Dank. Als Fellow am Center for Advanced Study in the Behavioral Sciences in Stanford, California, hatte ich nicht nur Gelegenheit zu zahlreichen Diskussionen mit den Genannten und anderen Kollegen über das Thema der Rollenanalyse und ihrer Grenzen, sondern auch die Muße, diesen Versuch niederzuschreiben.
[2] Das Paradox des wissenschaftlichen und des Alltagstisches hat der Cambridger

Das Dilemma ist nicht mehr ganz so leicht zu lösen, sobald wir es mit den biologischen Wissenschaften, insbesondere mit der Biologie des Menschen zu tun haben. Es hat etwas Unbehagliches, auf Ausstellungen einen gläsernen Menschen zu betrachten, selbst vor einem Röntgenapparat zu stehen und »durchleuchtet« zu werden oder gar die Röntgenaufnahme des eigenen Inneren in einem großen Umschlag mit sich herumzutragen. Sieht der Arzt etwas in mir, was ich nicht weiß? Bin ich es, der auf dieser Aufnahme erscheint? Je näher wir an uns selbst, an den Menschen herankommen, desto beunruhigender wird der Unterschied zwischen dem Gegenstand naiver Erfahrung und seiner wissenschaftlichen Konstruktion. Es ist sicher kein Zufall, daß physikalische Begriffe in unserer Alltagssprache kaum eine Rolle spielen, chemische Begriffe vor allem im Hinblick auf Nahrungsmittelanalyse immerhin auftauchen und biologische Kategorien weitgehend Bestandteil auch unseres naiven Weltverständnisses geworden sind. Wir sprechen häufig von »Organen« und ihren »Funktionen«, von »Nerven«, »Muskeln«, »Adern« und selbst »Gehirnzellen«, wir sprechen gelegentlich von »Säuren«, »Fetten«, »Kohlehydraten« und »Eiweißen«, aber Protonen und Elektronen, elektromagnetische Felder und Lichtgeschwindigkeiten sind dem Schatz der Umgangssprache heute noch fremd.

Was indes der Biologe uns auch über uns selbst enthüllen mag – er läßt uns immerhin den halben Trost, daß der Körper ja nicht das »Eigentliche« an uns ist, daß biologische Begriffe und Theorien die Integrität unserer Individualität nicht anzutasten vermögen. Wir müssen den biologischen Menschen bis zu einem gewissen Grade assimilieren, aber es kostet uns relativ wenig, uns mit ihm zu identifizieren. Mir ist nicht bekannt, daß der Biologie jemals vorgeworfen worden wäre, mit ihren Kategorien die physische Einzigartigkeit jedes Menschen zum Verschwinden zu bringen. Niemand scheint zu empfinden, daß er seinen Schnurrbart, die Schwingung seiner Nase oder die Länge seiner Arme gegen das wissenschaftliche Reden von

Philosoph *John Wisdom* in einem noch unveröffentlichten Vortrag über "Paradox and Discovery" (Stanford University, Nov. 1957) ausführlich behandelt. Für *Wisdom* sind dieses Paradox und andere seinesgleichen der Ausgangspunkt einer wohlverstandenen Metaphysik, die nach den Erkenntnisgründen von Sätzen unabhängig von ihrer logischen Struktur und empirischen Geltung fragt.

»dem Haarwuchs«, »dem Nasenbein« oder »dem Arm« verteidigen müsse, um nicht seiner Individualität beraubt und zur bloßen Illustration allgemeiner Kategorien oder Prinzipien erniedrigt zu werden. Ein Vorwurf dieser Art wird erst laut, wenn die Wissenschaft die Grenzen ihrer konstruierten Welt um den Menschen als handelndes, denkendes, fühlendes Wesen erweitert, wenn sie zur Sozialwissenschaft wird.

Die Sozialwissenschaft hat uns bisher zwei neue, höchst problematische Menschen beschert, denen wir in der Wirklichkeit unserer Alltagserfahrung kaum je begegnen dürften. Der eine ist der vielumstrittene *homo oeconomicus* der neueren Wirtschaftswissenschaft; der Verbraucher, der vor jedem Einkauf Nutzen und Kosten sorgsam abwägt und Hunderte von Preisen vergleicht, bevor er seine Entscheidung trifft; der Unternehmer, der alle Märkte und Börsen in seinem Kopf vereinigt und sämtliche Entschlüsse an diesem Wissen orientiert; der vollständig informierte, durch und durch »rationale« Mensch. Für unser naives Erleben ist dies eine seltsame Kreatur, und doch hat sie sich für den Ökonomen als so nützlich erwiesen wie der Bienenkorb-Tisch für den Physiker. Die wirtschaftlichen Tatsachen bestätigen im allgemeinen seine Theorien, und wenn seine Voraussetzungen auch fremd und unglaubwürdig anmuten mögen, so erlauben sie dem Wirtschaftswissenschaftler doch richtige Prognosen. Indes, können wir uns noch leichten Herzens mit dem *homo oeconomicus* identifizieren? Können wir es uns andererseits leisten, ihn wie den Tisch des Physikers einfach zu ignorieren?

Weit bedrohlicher noch ist das Paradox unseres Verhältnisses zu einem zweiten Menschen der Sozialwissenschaft, dem *psychological man*, wie ihn Philip Rieff genannt hat [3]. Der Patenonkel des psychologischen Menschen ist Freud, und mit Freud hat dieser neue Mensch es binnen kurzem zu erheblicher Prominenz innerhalb und außerhalb der wissenschaftlichen Psychologie gebracht. *Psychological man*, das ist der Mensch, der, selbst wenn er stets das Gute tut, doch möglicherweise stets das Böse will, der Mensch der untergründigen Motive, der uns dadurch nicht vertrauter wird, daß wir ihn zu

---

[3] In seinem Buch "Freud, The Emergence of Psychological Man" (New York–London 1960).

einer Art Gesellschaftsspiel verniedlicht haben. Du haßt mich? Das heißt nur, daß du mich »in Wirklichkeit« liebst. Nirgends ist die Unmöglichkeit, den wissenschaftlichen vom alltäglichen Gegenstand zu trennen, so überwältigend wie im Fall des psychologischen Menschen; nirgends ist daher die Notwendigkeit so deutlich, das Dilemma der gedoppelten Welt wenn nicht zu versöhnen, so doch verständlich und lebbar zu machen.

Ökonomen und Psychologen haben sich im allgemeinen dem Widerspruch zwischen ihrem künstlichen und dem wirklichen Menschen nicht gestellt; ihre Kritiker gehörten dem Stand meist nur am Rande an. Vielleicht war dies eine weise Taktik, scheint es doch heute, als hätten wir uns an *homo oeconomicus* und *psychological man* so sehr gewöhnt, daß ein Protest gegen diese Konstruktionen kaum noch laut wird. Aber die Stille um die Menschen der Ökonomie und Psychologie darf uns über die Wirklichkeit des Dilemmas nicht täuschen. Die rasche Entwicklung der Sozialwissenschaft bringt es mit sich, daß schon wieder zwei neue wissenschaftliche Menschen im Anzug sind: der Mensch der Soziologie und der der politischen Wissenschaft. Kaum ist die Diskussion um deren ältere Brüder abgeklungen, da flammt sie neu auf, um *homo sociologicus* und *homo politicus* das Existenzrecht zu bestreiten oder gar deren Geburt in letzter Minute noch zu verhindern [4]. Der latent stets vorhandene Protest gegen die Unvereinbarkeit der Welten des *common sense* und der Wissenschaft folgt den immer neuen Pfaden menschlichen Forschens wie ein Schatten seinem Urheber. Vielleicht ist es heute geraten, statt in wachsender Unsicherheit den vergeblichen Versuch fortzusetzen, dem Schatten davonzulaufen, einmal innezuhalten und sich dieser Drohung zu stellen. Wie verhält sich der Mensch unserer Alltagserfahrung zu den gläsernen Menschen der Sozialwissenschaften? Müssen wir und können wir unsere konstruierten, abstrakten

---

[4] Die Konstruktion eines *homo politicus* in Analogie zum Menschen der Wirtschaftswissenschaft ist kürzlich von *Anthony Downs* in seinem Buch "An Economic Theory of Democracy" (New York 1957) versucht worden. Der politische Mensch ist nach *Downs* der Mensch, der seine politischen, insbesondere seine Wahlentscheidungen ganz an deren berechenbarem Nutzen *(utility)* orientiert und insofern »rational« handelt. *Downs* versucht, auf diese Annahme eine Theorie des politischen Verhaltens aufzubauen, und wenn sein Versuch auch an vielen Punkten unbefriedigend bleibt, scheint die Annahme des *homo politicus* sich doch als fruchtbar zu erweisen.

Menschen gegen den wirklichen Menschen verteidigen? Haben wir es hier mit einem Paradox zu tun, das dem der beiden Tische gleicht, oder ist das Dilemma des doppelten Menschen von anderer Art?
So vornehm die Bestimmung der Aufgabe der Soziologie als »Wissenschaft vom Menschen« ist, so wenig vermag solch vages Reden über den spezifischen Gegenstand der Soziologie auszusagen. Selbst der uneingeschränkte Optimist wird sich nicht anheischig machen, mit Hilfe der Soziologie das Rätsel des Menschen endgültig lösen zu können. Die Soziologie ist gewiß eine Wissenschaft vom Menschen, aber sie ist weder die einzige solche Wissenschaft noch kann es ihre Absicht sein, das Problem des Menschen in aller Tiefe und Breite anzupacken. Der ganze Mensch entzieht sich nicht nur dem Zugriff einer einzigen Disziplin, sondern muß vielleicht überhaupt eine schemenhafte Gestalt im Hintergrund wissenschaftlichen Bemühens bleiben. Um der Präzision und Prüfbarkeit ihrer Aussagen willen ist jede Disziplin gezwungen, ihren weiten Gegenstand auf gewisse Elemente zurückzuführen, aus denen er sich systematisch rekonstruieren läßt – wenn nicht als Porträt der naiven Erfahrungswirklichkeit, dann doch als Struktur, in deren Gewebe ein Ausschnitt der Wirklichkeit sich fangen läßt.
Die Probleme der Soziologie führen auf eine Tatsache zurück, die unserer naiven Erfahrung ebenso zugänglich ist wie die Naturtatsachen unserer Umwelt. Das ist die Tatsache der Gesellschaft, an die wir so oft und so intensiv gemahnt werden, daß sie sich mit gutem Grund auch als die ärgerliche Tatsache der Gesellschaft beschreiben läßt. Bloße Zufallswahrscheinlichkeit vermag unser Verhalten zu anderen und zu uns selbst schwerlich zu erklären. Wir gehorchen Gesetzen, gehen zur Wahl, heiraten, besuchen Schulen und Universitäten, haben einen Beruf und sind Mitglied einer Kirche; wir sorgen für unsere Kinder, ziehen den Hut vor unseren Vorgesetzten, geben Älteren den Vortritt, sprechen mit verschiedenen Menschen in verschiedenen Zungen, fühlen uns hier zugehörig und dort fremd. Keinen Schritt können wir gehen, keinen Satz sprechen, ohne daß zwischen uns und die Welt ein Drittes tritt, das uns an die Welt bindet und diese beiden so konkreten Abstraktionen vermittelt: die Gesellschaft. Wenn es eine Erklärung für die späte Geburt einer Wissenschaft von der Gesellschaft gibt, so liegt es nahe, diese in der All-

gegenwart ihres Gegenstandes zu suchen, der selbst seine Beschreibung und Analyse noch in sich einbezieht. Die Soziologie hat es mit dem Menschen im Angesicht der ärgerlichen Tatsache der Gesellschaft zu tun. Der Mensch, jeder Mensch, begegnet dieser Tatsache, ja *ist* diese Tatsache, die, obschon sie sich unabhängig von bestimmten Einzelnen denken läßt, ohne bestimmte Einzelne doch eine bedeutungslose Fiktion wäre [5]. In dem Bereich, in dem der Mensch und die Tatsache der Gesellschaft einander überschneiden, haben wir daher nach den Elementen einer Wissenschaft zu suchen, die den Menschen in Gesellschaft zum Gegenstand hat.

An Versuchen, solche Elemente zu finden, hat es in der Geschichte der Soziologie nicht gefehlt. Schon vor über 20 Jahren hat Talcott Parsons im Anschluß an F. Znaniecki vier solcher Ansätze aufgezählt und erörtert [6]. Keiner dieser Ansätze befriedigt jedoch die Ansprüche, die an die Elemente soziologischer Analyse zu richten sind.

Die Forderung klingt fast trivial, die Elemente soziologischer Analyse im Schnittbereich der beiden Tatsachen des Einzelnen und der Gesellschaft zu suchen. Dennoch sind zwei der vier hier in Frage stehenden Ansätze dieser Forderung nicht nachgekommen. Vor allem bei amerikanischen Soziologen war es im Anfang unseres Jahrhunderts beliebt, die Einheit soziologischer Analyse in der sozialen Gruppe zu sehen. Die Gesellschaft, so argumentierte etwa Cooley, baut sich nicht aus Einzelnen, sondern aus Gruppen auf; der Soziologe hat es nicht mit Herrn Schmidt, sondern mit Familie Schmidt, Betrieb X, Partei Y und Kirche Z zu tun. Nun begegnen sich der Einzelne und die Gesellschaft gewiß in sozialen Gruppen;

---

[5] Die Verwandtschaft zwischen dem, was ich hier die »ärgerliche Tatsache der Gesellschaft« genannt habe, und *Durkheims* »sozialen Tatsachen«, die uns in ihren Bann zwingen, liegt auf der Hand. So, wenn *Durkheim* zu Beginn des ersten Kapitels seiner «Règles de la methode sociologique» aus dem Jahre 1895 die »sozialen Tatsachen« beschreibt: »Wenn ich meine Verpflichtungen als Bruder, Ehemann oder Bürger erfülle, wenn ich meine Verträge ausführe, dann erfülle ich Pflichten, die außerhalb meiner selbst und meiner Handlungen in Gesetz und Sitte definiert sind. Selbst wenn sie mit meinen eigenen Gefühlen übereinstimmen und ich subjektiv ihre Realität fühle, ist solche Realität noch objektiv, denn ich habe sie nicht geschaffen; ich habe sie nur durch meine Erziehung geerbt.« *Durkheim* kommt der hier in Frage stehenden Kategorie der Rolle außerordentlich nahe, ohne sie doch zu formulieren.
[6] *T. Parsons*, The Structure of Social Action (Glencoe ²1949), S. 30.

dies geschieht sogar in einem sehr realen Sinn. Doch ist diese Begegnung vielleicht allzu real. In der Gruppe verschwindet der Einzelne; wird die Gruppe als Element angenommen, dann gibt es für den Soziologen keinen Weg mehr zum Einzelnen als gesellschaftlichem Wesen. Wird andererseits, wie es in neuerer Zeit zuweilen geschieht, die Persönlichkeit, selbst die Sozialpersönlichkeit des Einzelnen als Element angenommen, dann scheint es schwer, der Tatsache der Gesellschaft Rechnung zu tragen. Die Rede von der Gruppe verlagert den Schwerpunkt der Analyse ganz auf außerhalb des Einzelnen Bestehendes, die von der Sozialpersönlichkeit ganz auf den Einzelnen selbst. Es muß aber darauf ankommen, eine Elementarkategorie zu finden, in der der Einzelne und die Gesellschaft vermittelt erscheinen.

Die Mehrzahl neuerer Soziologen haben geglaubt, das Bedürfnis nach einer analytischen Elementarkategorie dadurch befriedigen zu können, daß sie entweder mit L. von Wiese den Begriff »sozialer Beziehungen« oder mit Max Weber den »sozialen Handelns« zugrunde legten. Indes ist es nicht schwer zu sehen, daß beide Kategorien unser Problem im Grunde unberührt lassen. Die Rede von »sozialen Beziehungen« oder »sozialem Handeln« ist kaum weniger allgemein als die von »dem Menschen« und »der Gesellschaft«. Die Frage nach den Elementen »sozialer Beziehungen« und »sozialen Handelns« bleibt offen; denn sie ist ja gerade eine Frage nach den Bausteinen der Vermittlung von Einzelnen und Gesellschaft, also den Kategorien, mit denen die Beziehungen zwischen Menschen in Gesellschaft oder das gesellschaftlich geprägte Handeln von Menschen sich beschreiben lassen.

Es ist daher kein Zufall, daß die gegenwärtigen Hauptexponenten des Ansatzes an »sozialen Beziehungen« bzw. »sozialem Handeln« in ihren Analysen wie auch im Fortgang ihrer begrifflichen Überlegungen neue Kategorien einführen, die eher geeignet erscheinen, die Erfordernisse soziologischer Elementarkategorien zu erfüllen. L. von Wiese und T. Parsons sprechen in verwandtem Sinne einerseits von »sozialen Gebilden« bzw. »sozialen Systemen« als Struktureinheiten der Gesellschaft, andererseits aber von »Ämtern« bzw. »Rollen« als festgewordenen Weisen der Teilhabe des Einzelnen am gesellschaftlichen Prozeß. Beide Kategorienpaare lassen sich in keiner Weise von den Allgemeinbegriffen »soziale Beziehungen« und »soziales Handeln« ableiten; man ist versucht zu sagen, daß ihre Autoren sie fast wider Willen eingeführt haben. Mag dies auch kein schlüssiger Beweis für das Bedürfnis der Soziologie nach solchen Kategorien sein, so ist es doch ein recht einleuchtender Beleg, über dessen Gründe nachzudenken sich lohnt.

Am Schnittpunkt des Einzelnen und der Gesellschaft steht *homo sociologicus,* der Mensch als Träger sozial vorgeformter Rollen. Der Einzelne *ist* seine sozialen Rollen, aber diese Rollen *sind* ihrerseits die ärgerliche Tatsache der Gesellschaft. Die Soziologie bedarf bei der Lösung ihrer Probleme stets des Bezuges auf soziale Rollen als Elemente der Analyse; ihr Gegenstand liegt in der Entdeckung der Strukturen sozialer Rollen. Indem soziologische Analyse so den Menschen als *homo sociologicus* rekonstruiert, schafft sie aber für sich aufs neue das moralische und philosophische Problem, wie denn der künstliche Mensch der Soziologie sich zu dem wirklichen Menschen unserer Alltagserfahrung verhält. Soll die Soziologie nicht einem unkritischen Dogmatismus der Wissenschaftlichkeit verfallen, dann darf der Versuch, einige Dimensionen der Kategorie der sozialen Rolle aufzuspüren, das moralische Problem des gedoppelten Menschen an keinem Punkt aus dem Auge verlieren. Soll die philosophische Kritik andererseits über unverbindliche Allgemeinheiten hinaus zu bestimmten Aussagen gelangen, dann setzt sie die detaillierte Erörterung von Nutzen und Nachteil der Kategorie der sozialen Rolle voraus [7].

II

Der Versuch, zur Lösung gewisser Probleme den Menschen zum *homo sociologicus* zu reduzieren, ist weder so willkürlich noch so jun-

[7] Reflexion über die Elemente soziologischer Analyse ist an jedem Punkte Reflexion über Sinn und Unsinn, Nutzen und Nachteil der Soziologie als Wissenschaft. Indes führt sie hinaus aus dem Zirkel des bloßen Austausches vorgefaßter Meinungen. Ohne daß wir uns die Verteidigung oder Kritik der Soziologie ausdrücklich zum Anliegen machen, sollten die Überlegungen dieses Versuches uns in die Lage versetzen, den noch immer schwelenden Disput um Grenzen und Möglichkeiten einer Wissenschaft von der Gesellschaft bestimmt zu entscheiden.

gen Datums, wie man annehmen könnte. Wie *homo oeconomicus* und *psychological man* ist auch der Mensch als Träger sozialer Rollen kein Abbild der Wirklichkeit, sondern eine wissenschaftliche Konstruktion. Sosehr indes wissenschaftliches Tun spielerisches Tun sein mag, so falsch wäre es, in ihm bloß unverbindliches, der Realität der Erfahrung nicht verpflichtetes Spiel zu sehen. Das Paradox des physikalischen und des Alltagstisches oder des soziologischen und des Alltagsmenschen ist keineswegs das Ziel aller Wissenschaft; es ist vielmehr eine durchaus unbeabsichtigte und ärgerliche Konsequenz jener Art und Weise, uns sonst dunkle Ausschnitte der Welt verständlich zu machen, die wir Wissenschaft nennen. In einem wichtigen Sinn sind das Atom oder die soziale Rolle, obschon erfunden, nicht *bloß* erfunden. Sie sind Kategorien, die sich mit einer schwer explizierbaren Notwendigkeit – wenngleich natürlich häufig unter verschiedenen Namen – zu vielen Zeiten und an vielen Orten all denen aufdrängen, die den Gegenstand der Natur oder des Menschen in Gesellschaft in den Griff zu bekommen versuchen. Einmal erfunden, sind sie überdies nicht nur sinnvolle, d. h. operationell brauchbare, sondern auch plausible, in einem gewissen Sinn evidente Kategorien.

Sowohl im Fall des Atoms als Element physikalischer als auch in dem der Rolle als Element soziologischer Analyse ist überdies der Tatbestand bemerkenswert, daß die Namen dieser Kategorien sich über Jahrtausende gleichgeblieben sind. Im Hinblick auf das Atom liegt die Erklärung auf der Hand; das Wort – ἄτομον – spricht für sich selbst [8], und der Begriff stellt eine bewußte Anknüpfung an seine erste Verwendung bei Demokrit dar. Der Fall der sozialen Rolle ist verwickelter und aufschlußreicher. Es läßt sich zeigen, daß eine erhebliche Zahl von Autoren – Dichter, Wissenschaftler, Philosophen – bei dem Versuch, den Schnittpunkt von Einzelnem und Gesellschaft zu bestimmen, identische oder doch sinnverwandte Begriffe eingeführt haben: Die Wörter, denen wir in diesem Zusammenhang immer wieder begegnen, sind *Maske, Person, Charakter*

---

[8] Dieses Beispiel zeigt allerdings, daß man die Wortbedeutung von Begriffen auch nicht überschätzen darf: Vom Wort her läßt sich die unterschiedliche Bedeutung der Termini »Atom« und »Individuum« schwerlich erklären – noch läßt sich aus der Wortbedeutung von »Individuum« folgern, daß wir es hier etwa mit dem Element der Sozialwissenschaft zu tun haben.

und *Rolle*. Obgleich bewußte Anknüpfung an frühere Autoren auch hier gelegentlich nicht ausgeschlossen werden darf, hat es doch den Anschein, als reiche in diesem Falle die sachbestimmte Übereinstimmung vieler Autoren über den Inhalt des Begriffes hinaus auf seinen Namen — und als sei dieser Name daher in gewisser Weise mehr als Schall und Rauch.

Rolle, Person, Charakter und Maske sind Wörter, die, wennschon in verschiedenen Schichten der Sprachentwicklung, einem gemeinsamen Bedeutungsbereich zugeordnet waren oder sind: dem Theater. Wir sprechen von den Personen oder Charakteren des Dramas, deren Rolle der Schauspieler spielt; und wenn dieser auch bei uns zu Lande gemeinhin keine Maske mehr trägt, hat doch auch dieses Wort seinen Ort im gleichen Bereich. Die Assoziationen, die wir mit den Wörtern verbinden, sind zahlreich: (1) Sie alle bezeichnen etwas ihrem Träger — dem Schauspieler — Vorgegebenes, etwas außer ihm Vorhandenes. (2) Dieses Vorgegebene läßt sich als ein Komplex von Verhaltensweisen beschreiben, die (3) ihrerseits mit anderen Verhaltensweisen zu einem Ganzen zusammenspielen, insofern ein »Teil« sind (wie aus dem lateinischen *pars* und dem englischen *part* für »Rolle« noch deutlich wird). (4) Da diese Verhaltensweisen dem Schauspieler vorgegeben sind, muß er sie lernen, um sie spielen zu können. (5) Vom Standpunkt des Schauspielers ist keine Rolle, keine *persona dramatis* erschöpfend; er kann eine Vielzahl von Rollen lernen und spielen. Neben diesen hier zwar für das Theater, aber doch im Hinblick auf den soziologischen Begriff formulierten Kennzeichen von Rollen, Personen, Charakteren und Masken steht im Bereich des Theaters ein Weiteres, dessen Erörterung uns später an die Grenzen der Schauspielmetapher führen wird. Hinter allen Rollen, Personen und Masken bleibt der Schauspieler als Eigentliches, von diesen letztlich nicht Affiziertes[9]. Sie sind für ihn unwesentlich. Erst wenn er sie ablegt, ist er »er selbst« — oder wie Johannes von Salisbury 1159 in seinem »Policraticus« sagt [10]:

[9] Diese Feststellung ist in einem wesentlichen Sinn zu verstehen und schließt nicht aus, daß es für den einzelnen Schauspieler schwer sein mag, die Rollen, in die er sich — wie wir bezeichnenderweise sagen — »hineingelebt« hat, abzustreifen, wenn er die Bühne verläßt.

[10] Für dieses wie für die Mehrzahl der Zitate des folgenden Absatzes vgl. das Werk von *Curtius* (Anm. 11).

Grex agit in scena mimum, pater ille vocatur,
Filius hic, nomen divitis ille tenet;
Mox ubi ridendas inclusit pagina partes,
Vera redit facies, dissimulata perit.

Johannes von Salisburys Verse sind schon nicht mehr eine Beschreibung des Theaters. Für ihn ist das Schauspiel Metapher der Welt und des Lebens. In der Tat ist die Schauspielmetapher – der E. R. Curtius in einigen ihrer Ausprägungen nachgegangen ist [11] – ein sehr alter τόπυς des Philosophierens und Dichtens. Curtius verweist auf Platons »Gesetze« mit der Rede von lebenden Geschöpfen als Marionetten göttlichen Ursprungs und auf den »Philebos« mit dem Bild der »Tragödie und Komödie des Lebens« als erste Belege der Schauspielmetapher [12]. »Hic humanae vitae mimus«, formuliert Seneca dasselbe Bild [13], »qui nobis partes, quas male agamus, adsignat«. Von Paulus bis zu Johannes von Salisbury und weiter bis zur Gegenwart erscheint die Metapher immer wieder in der christlichen Tradition [14]. Später wird das Bild des *theatrum mundi* fast zum Gemeinplatz. Luther und Shakespeare, Calderon und Cervantes kennen es. Man braucht nur an Hofmannsthals »Großes Salzburger Welttheater« zu erinnern, um sich zu vergegenwärtigen, daß der τόπος bis heute wirkt.

Indes kann die Schauspielmetapher im Sinne des *theatrum mundi* nur sehr mittelbar als Beleg für die Sachnotwendigkeit und das Alter der Kategorie, um die es uns hier geht, verstanden werden. Denn insofern die Welt als Ganzes oder zumindest die Menschenwelt als ein Schauspiel riesigen Ausmaßes dargestellt wird, kommt dem Einzelnen nur eine einzige Maske, eine Person, ein Charakter und eine Rolle im Ganzen zu (wobei der Gedanke des göttlichen »Regisseurs« gewiß seit Platon im Hintergrund steht). Unser Ansatz dagegen steht unter der Absicht, gerade diese Einheit des Menschen aufzulösen in Elemente, aus denen menschliches Handeln sich aufbaut, mit deren Hilfe es rationalisierbar wird. Ein unmittelbarer

---

[11] *E. R. Curtius*, Europäische Literatur und Lateinisches Mittelalter (Bern 1948), S. 146 ff. (»Schauspielmetaphern«).
[12] *Platon*, Gesetze I 644de; Philebos 50 b.
[13] *Seneca*, Ep. 80,7.
[14] Man denke nur an das Verständnis der Trinität als Einheit aus drei »Personen«; dazu vgl. vor allem *Augustinus*.

Anknüpfungspunkt liegt daher dort, wo das Bild des Schauspiels und seiner Teile gewissermaßen in eine kleinere Dimension projiziert, auf das Leben des Einzelnen übertragen wird, wo also dem Einzelnen mehrere solcher Rollen oder Personen zugeschrieben werden.

Auch dieser Gedanke ist alt. Er fand wohl zuerst an Hand des lateinischen Wortes *persona* bzw. dessen griechischer Entsprechung πρόσωπον seinen Ausdruck. »Der Charakter, die Rolle, Person« gibt das Lexikon in bezeichnender Zusammenstellung der Wörter, die uns hier beschäftigen, für *persona*. Und Cicero liefert uns einen schönen Beleg für den Gebrauch von *persona* in diesem Sinn: »Intellegendum etiam est duabus quasi nos a natura indutos esse personis; quarum una communis est ex eo, quod omnes participes sumus rationis praestantiaeque eius, qua antecellimus bestiis, a qua omne honestum decorumque trahitur, et ex qua ratio inveniendi officii exquiritur, altera autem, quae proprie singulis est tributa.«[15] Diese beiden naturgegebenen Rollen einer allgemein menschlichen und einer individuellen Anlage haben mit sozialen Rollen noch wenig gemein, doch fügt Cicero wenig später hinzu: »Ac duabus iis personis, quas supra dixi, tertia adiungitur, quam casus aliqui aut tempus imponit; quarta etiam, quam nobismet ipsi iudicio nostro accomodamus. Nam regna, imperia, nobilitas, honores, divitiae, opes eaque, quae sunt his contraria, in casu sita temporibus gubernantur; ipsi autem gerere quam personam velimus, a nostra voluntate proficiscitur. Itaque se alii ad philosophiam, alii ad ius civile, alii ad eloquentiam applicant, ipsarumque virtutum in alia alius mavult excellere.«[16] Ciceros Überlegungen gelten als Paraphrase einer verlorenen Schrift des Panaitios (περὶ τοῦ καθήκοντος), für den die Persönlichkeit des Einzelnen ganz ähnlich aus vier πρόσωπα zusammengesetzt war, die teils angeborener und psychischer, teils aber auch erworbener und sozialer Natur sind. Sowohl von Panaitios als auch von Cicero werden indes alle vier »Personen« des Menschen als vornehmlich dem Einzelnen innewohnend bestimmt, wennschon den beiden letzteren äußere Umstände Anlaß und Grenze sind. Von einem Vorgegebenen, dem der Einzelne gegenübersteht, ist die *per-*

---

[15] *Cicero*, De officiis I 107.
[16] A.a.O., I 115.

sona schon hier zum Teil des Einzelnen geworden – eine Bedeutungsentwicklung, die folgerichtig zur »Person« als Inbegriff der Individualität des Menschen weiterführt. Das Schicksal des Wortes »Charakter« (χαρακτήρ: das Geprägte, der Abdruck) war nicht anders. Es wird noch zu zeigen sein, daß in der neueren Sozialforschung die Kategorie der Rolle ganz ähnlich dazu neigt, von der Bedeutung einer vorgeprägten Verhaltensform zu der einer individuellen Verhaltensregel, also von einem soziologischen zu einem sozialpsychologischen Elementarbegriff überzugehen. So evident die Notwendigkeit einer Kategorie wie »Rolle«, »Person« oder »Charakter« ist, so schwierig scheint es, in ihrer Bestimmung und Anwendung ihren Ort im Schnittbereich des Einzelnen und der Gesellschaft festzuhalten.

Doch sind keineswegs alle Autoren dieser Bedeutungsverschiebung erlegen. In der Komödie "As You Like It" legt Shakespeare Jaques einen Gedankengang in den Mund, der in hervorragender Weise Eigenart und Möglichkeit der Kategorie der sozialen Rolle vorwegnimmt und an dem viele Merkmale des soziologischen Rollenbegriffs sich verdeutlichen lassen [17]:

> All the world's a stage,
>
> And all the men and women merely players;
> They have their exits, and their entrances;
> And one man in his time plays many parts,
> His acts being seven ages. At first the infant,
> Mewling and puking in the nurse's arms;
> Then the whining schoolboy, with has satchel;
> And shining morning face, creeping like snail
> Unwillingly to school: and then, the lover,
> Sighing like furnace, with a woeful ballad
> Made to his mistress' eyebrow: Then, a soldier;
> Full of strange oaths, and bearded like a pard,
> Jealous in honor, sudden and quick in quarrel,
> Seeking the bubble reputation
> Even in the cannon's mouth: and then, the justice;
> In fair round belly, with good capon lin'd,
> With eyes severe, and beard of formal cut,
> Full of wise saws, and modern instances.
> And so he plays his part. The sixth age shifts
> Into the lean and slipper'd pantaloon:

---

[17] *Shakespeare,* As You Like It, II/7.

> With spectacles on nose and pouch on side;
> His youthful hose well sav'd, a world too wide
> For his shrunk shank; and his big manly voice
> Turning again toward childish tremble, pipes
> And whistles in his sound: Last scene of all,
> That ends this strange eventful history.
> Is second childishness, and mere oblivion;
> Sans teeth, sans eyes, sans taste, sans everything.

Shakespeare handelt hier vor allem von einem Typ sozialer Rollen, den Altersrollen, doch spielen andere, sozial geprägte Verhaltensformen (z. B. Berufsrollen) in seine Beschreibung zumindest hinein. »Die Welt« ist eine Bühne, auf der der Einzelne auftritt und von der er wieder abtritt. Aber er hat nicht nur einen einzigen Auftritt, er erscheint mehrfach und in immer verschiedenen Masken. Derselbe Einzelne kommt als Kind auf die Bühne und verläßt sie, um als Jüngling, erwachsener Mann und Greis wiederzukehren. Erst wenn er stirbt, tritt er zum letzten Male ab; doch neue, andere Menschen bevölkern dann die Bühne und spielen »seine« Rollen. Shakespeares Metapher ist heute zum konstruktiven Grundprinzip der Wissenschaft von der Gesellschaft geworden. Der Einzelne und die Gesellschaft sind vermittelt, indem der Einzelne *als* Träger gesellschaftlich vorgeformter Attribute und Verhaltensweisen erscheint. Hans Schmidt als Schuljunge hat eine Mappe, ein glänzendes Morgengesicht und schleicht unwillig zur Schule; als Liebhaber seufzt er und besingt seine Geliebte; als Soldat trägt er einen Bart, flucht, ist streitlustig und unempfindlich in seiner Ehre; als Richter kleidet er sich sorgsam und ist voll weiser Sprüche. »Schuljunge«, »Liebhaber«, »Soldat«, »Richter« und »Greis« sind auf merkwürdige Weise zugleich dieser bestimmte Einzelne Hans Schmidt und etwas von ihm Ablösbares, über das sich ohne Hinblick auf Hans Schmidt sprechen läßt. Shakespeares Beschreibung dessen, was der Richter hat und was er tut, mag für die Bühne unserer Zeit nicht mehr gelten – auch wir können indes angeben, welche Merkmale und welches Verhalten zum Richter gehören, gleichgültig, ob er Hans Schmidt oder Otto Meyer heißt; auch für uns ist die Gesellschaft noch jene ärgerliche Tatsache, die den Einzelnen, indem sie ihm Profil und Bestimmtheit gibt, aus seiner Einzelheit heraus in ein allgemeines und Fremdes hebt.

Die Tatsache der Gesellschaft ist ärgerlich, weil wir ihr nicht entweichen können. Gewiß gibt es auch Liebhaber, die weder seufzen noch die Augenbrauen ihrer Geliebten besingen; aber solche Liebhaber spielen eben ihre Rolle nicht, sie sind, in der Sprache der modernen amerikanischen Soziologie, *deviants*, Abweicher. Für jede Position, die ein Mensch haben kann, sei sie eine Geschlechts- oder Alters-, Familien- oder Berufs-, National- oder Klassenposition oder von noch anderer Art, kennt »die Gesellschaft« Attribute und Verhaltensweisen, denen der Träger solcher Positionen sich gegenübersieht und zu denen er sich stellen muß. Übernimmt und bejaht er die an ihn gestellten Forderungen, dann gibt der Einzelne seine unberührte Individualität zwar auf, gewinnt aber das Wohlwollen der Gesellschaft, in der er lebt; sträubt der Einzelne sich gegen die Forderungen der Gesellschaft, dann mag er sich eine abstrakte und hilflose Unabhängigkeit bewahren, doch verfällt er dem Zorn und den schmerzhaften Sanktionen der Gesellschaft. Der Punkt, an dem solche Vermittlung von Einzelnen und Gesellschaft sich vollzieht und mit dem Menschen als gesellschaftlichem Wesen auch *homo sociologicus* geboren wird, ist jener »Auftritt als...« auf der Bühne des Lebens, den Cicero in dem Begriff der »Person«, Marx in dem der »Charaktermaske«[18] und Shakespeare – und mit ihm die meisten neueren Soziologen – in dem der »Rolle« zu fassen sucht.

Es ist sicher kein Zufall, daß der bislang nur angedeutete Sachzusammenhang seit der Antike immer wieder mit Wörtern aus der Welt des Theaters beschrieben worden ist. Die Analogie zwischen dem verdichteten und objektivierten Verhaltensmuster der Person des Dramas und den gesellschaftlich gesetzten Normen positionsbezogenen Sozialverhaltens liegt nahe. Doch ist der Einwand nicht von der Hand zu weisen, daß die Analogie auch eine Gefahr in sich birgt. Das Bild des Schauspiels kann, auf die Gesellschaft übertragen, irreführen. Während die Uneigentlichkeit des Geschehens für das Schauspiel konstitutiv ist, wäre sie im Bereich der Gesellschaft eine höchst mißverständliche Annahme. Der Terminus »Rolle« darf

---

[18] *Marx* spricht vielfach von den »Charaktermasken« des Kapitalisten oder Bourgeois. In ähnlichem Sinn unterscheidet er einmal (Kapital, Bd. I, S. 8) die »Personen des Kapitalisten und Grundbesitzers« von diesen als »Personifikation ökonomischer Kategorien«, also als sozialen Rollen. Für Beispiele der Verwendung dieses und anderer Begriffe s. auch unter Abschnitt VII.

also nicht dazu verführen, in der rollen-»spielenden« Sozialpersönlichkeit gewissermaßen einen uneigentlichen Menschen zu sehen, der seine »Maske« nur fallenzulassen braucht, um in seiner wahren Natur zu erscheinen. *Homo sociologicus* und der integre ganze Einzelne unserer Erfahrung stehen in einem paradoxen und gefährlichen Mißverhältnis zueinander, das zu ignorieren oder zu bagatellisieren wir uns schwerlich leisten können. Daß der Mensch ein gesellschaftliches Wesen sei, ist mehr als eine Metapher, seine Rollen sind mehr als ablegbare Masken, sein Sozialverhalten mehr als eine Komödie oder Tragödie, aus der auch der Schauspieler in die »eigentliche« Wirklichkeit entlassen wird.

III

Es ist vielleicht ein wenig ungerecht, das — wennschon unvermeidliche — Ärgernis des *homo sociologicus* zu betonen, bevor dieser neue Mensch die Chance hat, seine Qualitäten zu bewähren. Wir haben die Vorväter des soziologischen Menschen und die Probleme, denen er uns gegenüberstellt, zur Sprache gebracht; aber wer dieser Mensch ist und was er zu leisten vermag, ist noch offengeblieben. Es wäre leicht, dieses Versäumnis durch den Hinweis zu rechtfertigen, daß *homo sociologicus* ja ein sehr lebendiger Mensch ist, der in den Werken der meisten Sozialwissenschaftler der Gegenwart erscheint und dessen Eigenart sich an Hand dieser Werke demonstrieren läßt. Obwohl dieser Hinweis nicht ohne Berechtigung wäre, würde er uns jedoch in Schwierigkeiten führen. Denn so einig viele Soziologen sich über den Namen ihres Menschen sind, so sehr schwankt sein Charakterbild in der Literatur. Es mag sich daher empfehlen, das Objekt unserer Überlegungen nicht aus der Erörterung der widersprüchlichen Aussagen seiner Freunde und Verächter zu rekonstruieren, sondern es gewissermaßen selbst zu befragen. Statt begrifflicher Kritik und Polemik soll uns zunächst der Sachzusammenhang, aus dem *homo sociologicus* entspringt, beschäftigen, bevor wir die Zeugenaussagen an den Ergebnissen unserer eigenen Untersuchung messen [19].

[19] Es bedarf kaum der Betonung, daß die folgende Analyse dennoch nicht »naiv«, sondern ständig an der soziologischen Diskussion der in Frage stehen-

Nehmen wir an, wir seien auf einer Gesellschaft, auf der uns ein uns bisher unbekannter Herr Dr. Hans Schmidt vorgestellt wird. Wir sind neugierig, mehr über diesen neuen Bekannten zu erfahren. Wer ist Hans Schmidt? Einige Antworten auf diese Fragen können wir unmittelbar sehen: Hans Schmidt ist (1) ein Mann, und zwar (2) ein erwachsener Mann von etwa 35 Jahren. Er trägt einen Ehering, ist daher (3) verheiratet. Anderes wissen wir aus der Situation der Vorstellung: Hans Schmidt ist (4) Staatsbürger; er ist (5) Deutscher, (6) Bewohner der Mittelstadt X, und er trägt den Doktortitel, ist also (7) Akademiker. Alles weitere aber müssen wir von gemeinsamen Bekannten erfragen, die uns erzählen mögen, daß Herr Schmidt (8) von Beruf Studienrat ist, (9) zwei Kinder hat, also Vater ist, (10) als Protestant in der vorwiegend katholischen Bevölkerung von X einige Schwierigkeiten hat, (11) als Flüchtling nach dem Kriege in die Stadt gekommen ist, wo er sich indes (12) als 3. Vorsitzender der lokalen Organisation der Y-Partei und (13) als Schatzmeister des Fußballklubs der Stadt bald einen guten Namen zu verschaffen wußte. Herr Schmidt, so erfahren wir von seinen Bekannten, ist (14) ein leidenschaftlicher und guter Skatspieler sowie (15) ein ebenso leidenschaftlicher, wennschon weniger guter Autofahrer. Seine Freunde, Kollegen und Bekannten haben uns noch manches andere über Herrn Schmidt zu erzählen, doch ist unsere Neugier mit diesen Auskünften vorerst befriedigt [20]. Wir haben das Gefühl, daß Herr Schmidt uns nunmehr kein Unbekannter mehr ist. Was berechtigt uns zu diesem Gefühl?

Man könnte meinen, daß alles, was wir über Herrn Schmidt in Erfahrung gebracht haben, ihn nicht eigentlich von anderen Menschen unterscheidet. Nicht nur Herr Schmidt ist Deutscher, Vater, Protestant und Studienrat, sondern viele andere mit ihm; und obwohl es zu jedem Zeitpunkt nur einen Schatzmeister des 1. F. C. X-Stadt

---

den Kategorien orientiert ist. Hinter dem Verzicht auf ausdrückliche kritische Diskussion an diesem Punkt steht die Hoffnung, durch einen neuen Ansatz gewisse Hürden im Sprung zu nehmen, vor denen die begriffliche Auseinandersetzung bisher stehengeblieben ist. Wo die folgende Darstellung direkt von einzelnen Autoren abhängig ist, ist dies selbstverständlich angemerkt.

[20] Die Liste dessen, was Herr Schmidt »ist«, ließe sich ohne Schwierigkeiten auch um für unseren Zusammenhang relevante Angaben noch verlängern; insofern ist die Beschränkung auf 15 Positionen willkürlich.

geben mag, gab es doch andere vor ihm. Auch dieses Amt ist nicht ein persönliches Merkmal von Herrn Schmidt. Unsere Informationen über Herrn Schmidt beziehen sich sämtlich auf gewisse Stellungen, die er innehat, d. h. auf Punkte oder Orte in einem Koordinatensystem sozialer Beziehungen. Denn jede Position impliziert für den Kundigen ein Netz anderer Positionen, die mit dieser verknüpft sind, ein Positionsfeld. Als Vater steht Herr Schmidt in einem Positionsfeld mit Mutter, Sohn und Tochter; als Studienrat ist er auf seine Schüler, deren Eltern, seine Kollegen und die Beamten der Schulverwaltung bezogen; sein Posten als 3. Vorsitzender der Y-Partei verbindet ihn mit Vorstandskollegen, höheren Parteifunktionären, Parteimitgliedern und der wählenden Öffentlichkeit. Manche dieser Positionsfelder überschneiden sich, doch keine zwei decken einander völlig. Für jede der 15 Positionen des Herrn Schmidt, die wir kennen, läßt sich ein eigenes Positionsfeld angeben, das in einem bestimmten Gesellschaftszusammenhang mit diesen Positionen gewissermaßen automatisch gegeben ist.

Der Terminus *soziale Position* bezeichnet jeden Ort in einem Feld sozialer Beziehungen, wobei der Begriff so weit gefaßt werden soll, daß er nicht nur die Position »Studienrat« und »3. Vorsitzender der Y-Partei«, sondern auch die »Vater«, »Deutscher« und »Skatspieler« umgreift. Positionen sind etwas prinzipiell unabhängig vom Einzelnen Denkbares. Sowenig das Amt des Bürgermeisters oder der Lehrstuhl des Professors zu bestehen aufhören, wenn sie vakant werden, sind die Positionen des Herrn Schmidt an seine Persönlichkeit und selbst Existenz gebunden. Der Einzelne kann nicht nur, sondern muß in der Regel eine Mehrzahl von Positionen einnehmen, und es läßt sich vermuten, daß die Zahl der auf Einzelne entfallenden Positionen mit der Komplexität von Gesellschaften wächst [21]. Überdies kann das Positionsfeld, in das eine einzige Position den

---

[21] Die Differenzierung sozialer Positionen ist eines der wenigen eindeutigen (und nicht im Sinne eines »Fortschritts« wertbelasteten) Merkmale der Gesellschaftsentwicklung. Vorgänge wie die »Trennung von Kirche und Staat« (in der Französischen Revolution) oder die »Trennung von Familie und Berufssphäre« (in der industriellen Revolution) bezeichnen wiederkehrende Beispiele solcher Differenzierung, die sich in vielen Bereichen der Gesellschaft auswirken. Über die Mechanismen, die diese Form des sozialen Wandels zu erklären vermögen, wissen wir allerdings noch recht wenig.

Einzelnen stellt, eine Vielzahl von unterscheidbaren Bezügen einschließen, wie dies in Herrn Schmidts Fall etwa für die Position »Studienrat« und »Schatzmeister des 1. F. C. X-Stadt« gilt; Positionen selbst können komplex sein. Es wird sich als wichtig erweisen, diesen Sachverhalt durch einen eigenen Begriff zu betonen und soziale Positionen als Mengen von *Positionssegmenten* zu verstehen. Die Position »Studienrat« besteht aus den Positionssegmenten »Studienrat-Schüler«, »Studienrat-Eltern«, »Studienrat-Kollegen«, »Studienrat-Vorgesetzte«, wobei jedes dieser Segmente aus dem Positionsfeld des Studienrates eine Beziehungsrichtung aussondert. Diese begrifflichen Unterscheidungen und Definitionen vermögen allerdings das Rätsel noch nicht zu erklären, warum Herr Schmidt uns kein Unbekannter mehr ist, nachdem wir erfahren haben, welche Positionen er einnimmt. Denn anzunehmen, daß Herr Schmidt nichts als das Aggregat seiner Positionen ist, daß seine Individualität also zwar nicht in irgendeiner einzelnen seiner Positionen, aber doch in deren besonderer Konstellation begründet ist, wäre schwerlich zu rechtfertigen. Es gibt manches, das wir aus den Positionen des Herrn Schmidt mit aller Kenntnis und Phantasie nicht ablesen können. Ob er ein guter oder ein schlechter Lehrer, ein strenger oder ein milder Vater ist, ob er mit den Konflikten seiner Gefühle fertig wird oder nicht, ob er mit seinem Leben zufrieden ist oder nicht, was für Gedanken er sich in seinen stillen Stunden über seine Mitmenschen macht, wo er seinen Urlaub gerne zubringen würde – all dies und vieles andere verraten uns weder seine Position noch das, was wir aus ihnen erschließen mögen [22]. Herr Schmidt ist mehr als ein Träger sozialer Positionen, und seine Freunde wissen manches von ihm, was der flüchtige Bekannte und der Soziologe weder weiß noch zu wissen verlangt.

Aber erstaunlicher als die Tatsache, daß die Positionen von Herrn Schmidt uns keinen vollen Aufschluß über seine Persönlichkeit geben, ist die andere Tatsache, wieviel sie uns nichtsdestoweniger über ihn sagen. Die Positionen selbst vermitteln uns zwar nur eine sehr formale Kenntnis. Sie sagen uns, in welchen sozialen Bezugsfeldern

---

[22] Insofern gehen die oben gebrauchten Ausdrücke »guter Skatspieler« und »schlechter Autofahrer« über die Art von Informationen hinaus, die wir zur Bestimmung sozialer Positionen benötigen.

Herr Schmidt steht, mit wem er in Sozialbeziehungen tritt, ohne uns etwas über die Art dieser Beziehungen zu verraten. Doch bedarf es für uns keines weiteren Fragens, um herauszufinden, was Herr Schmidt tut – oder zumindest, was er tun sollte und daher wahrscheinlich tut –, wenn er seine zahlreichen Positionen wahrnimmt. Als Vater wird Herr Schmidt für seine Kinder sorgen, ihr Fortkommen fördern, sie verteidigen und lieben. Als Studienrat wird er seinen Schülern Wissen vermitteln, sie gerecht beurteilen, die Eltern beraten, dem Direktor Respekt erweisen, in seiner Lebenshaltung Vorbild sein. Als Parteifunktionär wird er Versammlungen besuchen, Reden halten, neue Mitglieder zu werben versuchen. Nicht nur, was Herr Schmidt tut, sondern auch was ihn kennzeichnet, können wir bis zu einem gewissen Grade aus seinen Positionen ablesen – in der Tat verrät uns das Aussehen eines Menschen oft, »wer er ist«, d. h. welche sozialen Positionen er einnimmt. Als Studienrat trägt er die »anständige«, aber nicht zu gute Kleidung eines Lehrers mit blankgescheuerten Hosen und Ellenbogen; als Ehemann trägt er den Ehering; ob die Y-Partei eine radikale Partei ist, kann man ihm wahrscheinlich ansehen; seine Erscheinung ist sportlich; er ist vermutlich ein überdurchschnittlich intelligenter und aktiver Mann. Der Versuch, diese Liste auszuspinnen, zeigt, daß nicht nur *psychological man,* sondern auch *homo sociologicus* zum amüsanten Gesellschaftsspiel mit ernstem Hintergrund werden kann [23]. Zu jeder Stellung, die ein Mensch einnimmt, gehören gewisse Verhaltensweisen, die man von dem Träger dieser Position erwartet; zu allem, was er ist, gehören Dinge, die er tut und hat; zu jeder sozialen Position gehört eine *soziale Rolle.* Indem der Einzelne soziale Positionen einnimmt, wird er zur Person des Dramas, das die Gesellschaft, in der er lebt, geschrieben hat. Mit jeder Position gibt die Gesellschaft ihm eine Rolle in die Hand, die er zu spielen hat. Durch Positionen und Rollen werden die beiden Tatsachen des Einzelnen und der Gesellschaft vermittelt; dieses Begriffspaar bezeichnet *homo sociologicus,* den Menschen der Soziologie, und es bildet daher das Element soziologischer Analyse.

[23] In der Tat ist *homo sociologicus* bereits zu einem Gesellschaftsspiel geworden. Man denke nur an die Fernseh-Quiz-Programme, in denen der Beruf einer Person aus deren Aussehen und Gehaben zu »erraten« ist. Ohne die Tatsache der Gesellschaft wären solche Programme wenig sinnvoll.

Von den beiden Begriffen der Position und der Rolle ist der der Rolle bei weitem der wichtigere; die Unterscheidung beider ist dennoch nützlich. Während Positionen nur Orte in Bezugsfeldern bezeichnen, gibt die Rolle uns die Art der Beziehungen zwischen den Trägern von Positionen und denen anderer Positionen desselben Feldes an. Soziale Rollen bezeichnen Ansprüche der Gesellschaft an die Träger von Positionen, die von zweierlei Art sein können: einmal Ansprüche an das Verhalten der Träger von Positionen *(Rollenverhalten)*, zum anderen Ansprüche an sein Aussehen und seinen »Charakter« *(Rollenattribute)*. Weil Herr Schmidt Studienrat ist, sind von ihm gewisse Attribute und ein gewisses Verhalten verlangt; das gleiche gilt für jede seiner 15 Positionen. Obwohl die soziale Rolle, die zu einer Position gehört, uns nicht verraten kann, wie ein Träger dieser Position sich tatsächlich verhält, wissen wir doch, wenn wir mit der Gesellschaft, die diese Rolle definiert, vertraut sind, was von ihrem Spieler erwartet wird. Soziale Rollen sind Bündel von Erwartungen, die sich in einer gegebenen Gesellschaft an das Verhalten der Träger von Positionen knüpfen.

Wie Positionen sind auch Rollen prinzipiell unabhängig vom Einzelnen denkbar. Die vom Vater, Studienrat, Parteifunktionär und Skatspieler erwarteten Verhaltensweisen und Attribute lassen sich formulieren, ohne daß wir an irgendeinen bestimmten Vater, Studienrat, Parteifunktionär oder Skatspieler denken. Mit den Positionen entfallen auf jeden Einzelnen viele soziale Rollen, deren jede der Möglichkeit nach eine Mehrzahl von *Rollensegmenten* umschließt. Die Erwartungen, die sich an den Spieler der sozialen Rolle »Studienrat« knüpfen, lassen sich aufgliedern in Erwartungen im Hinblick auf die Beziehung »Studienrat-Schüler«, »Studienrat-Eltern« usw. Insofern ist jede einzelne Rolle ein Komplex oder eine Gruppe von Verhaltenserwartungen [24].

[24] Die in diesem Abschnitt eingeführten Termini »Position« *(position)* »Positionssegment« *(positional sector)*, »Rolle« *(role)*, »Rollenverhalten« *(role behavior)*, »Rollenattribute« *(role attributes)* und »Rollensegment« *(role sector)* finden sich in dieser Form sämtlich in dem kürzlich erschienenen Werke von *N. Gross, W. S. Mason und A. W. McEachern*, Explorations in Role Analysis (New York 1958); Kap. IV, A Language for Role Analysis. Neu ist an der Terminologie von *Gross* und seinen Mitarbeitern neben der Definition der Termini die Unterscheidung von Rollenverhalten und Rollenattributen sowie die Aufgliederung von Positionen und Rollen in Segmente oder Sektoren. Letz-

Allzu häufig wird der logische Unterschied zwischen verschiedenen Sätzen über das Verhalten von Menschen mißachtet. »Herr Schmidt ist gestern in die Kirche gegangen.« »Herr Schmidt geht sonntags regelmäßig zur Kirche.« »Herr Schmidt als gläubiger Protestant sollte sonntags regelmäßig zur Kirche gehen.« Diese drei Sätze sind sämtlich Aussagen über gesellschaftliches Verhalten; doch unterscheidet sie mehr als die Form des Verbums. Die erste Aussage bezeichnet etwas, das Herr Schmidt tatsächlich zu einem bestimmten Zeitpunkt getan hat, ein bestimmtes Verhalten. Der zweite Satz enthält eine Aussage über etwas, das Herr Schmidt regelmäßig tut, über ein regelmäßiges Verhalten also. Der dritte Satz besagt, daß Herr Schmidt etwas regelmäßig tun sollte; er bezeichnet ein von ihm erwartetes Verhalten. Ohne Zweifel sind alle drei Aussagen in irgendeinem Sinne soziologisch relevant; der Gang zur Kirche ist ein Verhalten, das uns über eine Gesellschaft Aufschluß zu geben vermag. Doch eignet sich nur die dritte Form der Aussage zur Definition der Elemente soziologischer Analyse; nur in ihr erscheinen der Einzelne und die Gesellschaft auf eine angebbare Weise vermittelt. Das bestimmte einzelne wie auch das regelmäßige Verhalten von Herrn Schmidt bleibt in gewisser Weise sein privates Eigentum. Durch beide schafft er zwar eine soziale Wirklichkeit; beide können etwa in Umfragen zur Konstruktion eindrucksvoller Tabellen dienen, doch erscheint die Tatsache der Gesellschaft in ihnen nicht als unabhängige und bestimmende Kraft. Wenn wir von sozialen Rollen sprechen, dann ist stets nur von erwartetem Verhalten die Rede, d. h. von dem Einzelnen, der sich außer ihm bestehenden Ansprüchen gegenübersieht bzw. der Gesellschaft, die den Einzelnen mit gewissen Ansprüchen konfrontiert. Die Vermittlung von Einzelnen und Gesellschaft geschieht nicht schon dadurch, daß der Einzelne handelt oder soziale Beziehungen unterhält, sondern erst in der Begegnung des handelnden Einzelnen mit vorgeprägten Formen des Handelns. Die erste Frage der Soziologie ist daher stets die nach diesen Formen oder Rollen; die weitere Frage, wie der bestimmte Ein-

teres ist gleichzeitig, wennschon mit anderen Terminis, von *R. K. Merton* in seinem Aufsatz "*The Role-Set*" (British Journal of Sociology VIII/2, Juni 1957) vorgeschlagen worden, wozu vgl. unten. In noch unveröffentlichten Arbeiten unternimmt auch *T. Parsons* mit der Unterscheidung von *roles* und *tasks* einen ähnlichen Ansatz.

zelne sich angesichts solcher Erwartungen tatsächlich verhält, gewinnt ihre spezifische Bedeutung am Maßstab dieser Erwartungen. Drei Merkmale vor allem bezeichnen die Kategorie der sozialen Rolle als Element soziologischer Analyse: (1) Soziale Rollen sind gleich Positionen quasi-objektive, vom Einzelnen prinzipiell unabhängige Komplexe von Verhaltensvorschriften. (2) Ihr besonderer Inhalt wird nicht von irgendeinem Einzelnen, sondern von der Gesellschaft bestimmt und verändert. (3) Die in Rollen gebündelten Verhaltenserwartungen begegnen dem Einzelnen mit einer gewissen Verbindlichkeit des Anspruches, so daß er sich ihnen nicht ohne Schaden entziehen kann. Diese drei Merkmale enthalten zugleich drei Probleme, die im Zusammenhang mit sozialen Rollen immer wieder auftauchen und denen wir uns stellen müssen, wenn wir das Charakterbild des *homo sociologicus* mit einiger Schärfe zeichnen wollen: (1) Wie vollzieht sich im einzelnen die Begegnung des Individuums und der Gesellschaft? Wie werden die vorgeprägten Rollen zum Teil des Sozialverhaltens Einzelner? In welcher Beziehung steht *homo sociologicus* zu *psychological man*? (2) Wer oder was ist »die Gesellschaft«, von der bislang in unerträglich personifizierender Weise als Bestimmungsinstanz der Rollen die Rede war? Wie läßt sich der Prozeß der Definition und Definitionsänderung sozialer Rollen so präzisieren, daß wir nicht zu Metaphern unsere Zuflucht nehmen müssen, um ihn zu beschreiben? (3) Wie kann die Verbindlichkeit von Rollenerwartungen garantiert werden? Welche Mechanismen oder Institutionen wachen darüber, daß der Einzelne die ihm begegnenden Verhaltensvorschriften nicht als bedeutungslose und willkürliche Ansprüche beiseite schiebt?

IV

Von einer Vermittlung des Einzelnen und der Gesellschaft kann offenbar nur dort die Rede sein, wo die beiden Tatsachen des Einzelnen und der Gesellschaft nicht bloß nebeneinanderstehen, sondern auf angebbare Weise verknüpft sind. Die Feststellung, daß es Herrn Studienrat Schmidt gibt und daß sich gewisse Verhaltensweisen und Attribute angeben lassen, die für die soziale Rolle »Studienrat« charakteristisch sind, ist so lange ohne analytischen Wert, wie nicht erwiesen ist, daß die soziale Rolle Herrn Schmidt weder bloß zufällig noch auch nur aus seinem eigenen freien Entschluß zukommt, sondern daß sie ihm in dem Augenblick, in dem er Studienrat wird, mit Notwendigkeit und Verbindlichkeit entgegentritt. Es ist also zu zeigen, daß Gesellschaft nicht nur eine Tatsache, sondern eine ärgerliche Tatsache ist, der wir uns nicht ungestraft entziehen können. Soziale Rollen sind ein Zwang, der auf den Einzelnen ausgeübt wird – mag dieser als eine Fessel seiner privaten Wünsche oder als ein Halt, der ihm Sicherheit gibt, erlebt werden. Dieser Charakter von Rollenerwartungen beruht darauf, daß die Gesellschaft *Sanktionen* zur Verfügung hat, mit deren Hilfe sie die Vorschriften zu erzwingen vermag. Wer seine Rolle nicht spielt, wird bestraft; wer sie spielt, wird belohnt, zumindest aber nicht bestraft. Konformismus mit den vorgeprägten Rollen ist keineswegs nur die Forderung bestimmter moderner Gesellschaften, sondern ein universelles Merkmal aller gesellschaftlichen Formen [25].

Der Begriff der Sanktionen wird häufig ausschließlich für Strafen und Zurechtweisungen gebraucht; doch soll er hier im Einklang mit seiner soziologischen Verwendung in einem weiteren Sinne verstanden werden. Es gibt positive und negative Sanktionen: Die Gesellschaft kann Orden verleihen und Gefängnisstrafen verhängen, Prestige zuerkennen und einzelne ihrer Mitglieder der Verachtung preisgeben. Aus mehreren Gründen scheint es dennoch sinnvoll, im gegenwärtigen Zusammenhang vor allem an negative Sanktionen zu denken. Positive Sanktionen entziehen sich nicht nur häufig der Formulierung und operationellen Präzisierung [26], sondern sie allein

---

[25] Diese Tatsache wird von den »non-konformistischen« Kritikern der Vereinigten Staaten oft übersehen, die glauben, das *keeping up with the Joneses* sei nur der amerikanischen Gesellschaft eigen. Es gibt gewiß Variationen des offenen oder versteckten Zwanges, den Gesellschaften auf die in ihnen lebenden Einzelnen ausüben, doch lassen diese sich mit dem Begriff des Konformismus nicht fassen. Sie beruhen vielmehr auf der Breite des Spielraumes, den gesellschaftliche Rollendefinitionen (für die überall ein Konformismuszwang besteht) dem Einzelnen in bestimmten gegebenen Gesellschaften lassen.

[26] Dies ist ein schwieriges Problem, um dessen Klärung sich vor allem die Theoretiker der sozialen Schichtung bemüht haben. Natürlich lassen sich z. B. Skalen des Einkommens und Prestiges entwickeln, aber es ist bislang noch nicht gelungen, den notwendigen Zusammenhang solcher Entschädigungen *(rewards)* mit Rollenerwartungen nachzuweisen, der uns allein berechtigen würde, solche Erwartungen nach den ihnen anhaftenden positiven Sanktionen zu klassifizieren.

vermögen auch schwerlich den Druck zu erklären, dem sich *homo sociologicus* in jedem Moment seiner Existenz ausgesetzt sieht. Auf Belohnungen kann man verzichten, Orden kann man ablehnen, aber der Macht des Gesetzes oder selbst der sozialen Achtung zu entkommen, dürfte in allen Gesellschaften ein äußerst schwieriges Unterfangen sein, das nicht nur Könige zum Canossagang bewegt. Die Gesellschaft prägt nicht nur für jede Position, die in ihr verfügbar ist, eine Form, sondern sie wacht auch darüber, daß der Träger dieser Position die Form, die er vorfindet, nicht achtlos oder absichtlich beiseite schiebt und sich seine eigenen Formen zu schaffen versucht. Wie die Formen selbst sind auch die ihnen zugehörigen Sanktionen dem Wandel unterworfen; wie jene sind indes auch diese allgegenwärtig und unentrinnbar.

Das Wirken von Sanktionen läßt sich besonders einleuchtend an Rollenerwartungen demonstrieren, über deren Einhaltung die Macht des Gesetzes und der Rechtsinstitutionen wacht. Die meisten sozialen Rollen enthalten solche Elemente, solche *Muß-Erwartungen* (wie wir sie in Analogie zum juristischen Reden von Muß-Vorschriften nennen wollen), denen wir uns nur auf die Gefahr gerichtlicher Verfolgung hin entziehen können. Als Mann darf Herr Schmidt keinen Geschlechtsverkehr mit anderen Männern unterhalten, als Ehemann keine außerehelichen Beziehungen pflegen. Als Studienrat ist von ihm erwartet, zumindest seine älteren Schüler ohne Gebrauch des Rohrstocks zu erziehen. Wenn er als Schatzmeister des 1. F. C. X-Stadt in die Kasse des Klubs greift, um seine Skatschulden zu begleichen, dann treffen ihn die gesetzlich festgelegten negativen Sanktionen. Zumindest der große Ausschnitt des Rechtssystems, in dem Einzelne als Träger von Positionen in irgendeinem Sinne fungieren, läßt sich als Aggregat von Sanktionen begreifen, mit deren Hilfe die Gesellschaft die Einhaltung sozialer Rollenerwartungen garantiert. Zugleich sind diese Muß-Vorschriften gewissermaßen der harte Kern jeder sozialen Rolle; sie sind nicht nur formulierbar, sondern ausdrücklich formuliert; ihre Verbindlichkeit ist nahezu absolut; die ihnen zugeordneten Sanktionen sind ausschließlich negativer Natur. Allenfalls als Autofahrer hat Herr Schmidt die Chance, eines Tages eine Plakette für »25 Jahre unfallfreies Fahren« an seinen Wagen schrauben zu dürfen.

So nützlich es für das Verständnis sozialer Rollen und Sanktionen ist, sich an gesetzlich fixierten Verhaltensvorschriften zu orientieren, sowenig darf dieses Beispiel dazu verführen, in Gesetzen und Gerichten die einzige Form von Rollenerwartungen und Sanktionen zu sehen. Möglicherweise läßt die Annahme sich belegen, daß der Bereich gesetzlich geregelten Verhaltens sich im Laufe der Sozialentwicklung ständig verbreitert hat [27]; jedenfalls ist dieser Bereich in den westlichen Gesellschaften der Gegenwart wesentlich größer als in allen anderen bekannten Gesellschaften. Dennoch gibt es auch im heutigen Deutschland, Frankreich, England und Amerika noch eine breite – und für die meisten Bürger wichtigere – Sphäre des Sozialverhaltens, die den Menschen allenfalls in übertragenem Sinn mit Gerichten und Gesetzen in Berührung bringt. Wenn Herr Schmidt als 3. Vorsitzender des Ortsverbandes X-Stadt der Y-Partei unter seinen Kollegen ständig Propaganda für die Z-Partei macht, wird er damit bei seinen Parteifreunden wahrscheinlich auf wenig Gegenliebe stoßen, obwohl kein Gericht ihn für dieses Vergehen verurteilen kann. Diese Feststellung bedarf allerdings wenn nicht einer Korrektur, dann doch der Präzision. In der Tat haben heute viele Organisationen eigene quasi-rechtliche Institutionen entwickelt, die über der Einhaltung ihrer Verhaltensvorschriften wachen. Und es kann wenig Zweifel daran bestehen, daß es für den Einzelnen kaum weniger schwerwiegend als eine Gefängnisstrafe ist, wenn eine Kirche ihn mit dem Bann belegt, eine Partei ihn ausschließt, ein Betrieb ihn entläßt oder eine Standesorganisation ihn aus ihren Listen streicht. Dies sind extreme Sanktionen, neben denen die Wirkung milderer Strafen von der stillschweigenden Ächtung zu Verwarnungen, Versetzungen und Beförderungsverzögerungen nicht zu unterschätzen ist. Außer Muß-Erwartungen kennen die meisten sozialen Rollen gewisse *Soll-Erwartungen,* deren erzwingbare Verbindlichkeit kaum geringer ist als die der Muß-Erwartungen. Auch bei Soll-Erwartungen überwiegen negative Sanktionen, obwohl derjenige, der ihnen stets pünktlich nachkommt, der Sym-

---

[27] Dies war eine der Thesen der Evolutionstheoretiker der Jahrhundertwende; vgl. etwa das große Werk von L. T. Hobhouse, Morals in Evolution. Die These enthält sicher einen erwiesenen Kern, doch sind die Übergänge von Sitte und Gesetz (und umgekehrt) oft und zumal dort fließend, wo *common law* und Präzedenzrechtsprechung vorherrschen.

pathie seiner Mitmenschen sicher sein kann: er »verhält sich vorbildlich«, »tut immer das Richtige«, auf ihn »ist Verlaß«.
Dagegen darf derjenige sich vor allem positive Sanktionen erhoffen, der einer dritten Gruppe von Rollenerwartungen regelmäßig nachkommt, den *Kann-Erwartungen*. Wenn Herr Schmidt einen großen Teil seiner Freizeit damit zubringt, Gelder für seine Partei zu sammeln, wenn er als Studienrat freiwillig ein Schulorchester leitet oder als Vater seinen Kindern jede freie Minute schenkt, dann tut er, wie wir sagen, »ein Übriges« und erwirbt sich damit die Schätzung seiner Mitmenschen. Auch Kann-Erwartungen führen uns noch keineswegs in die Sphäre ungeregelten Sozialverhaltens. Der Mensch, der »immer nur das Allernötigste tut«, muß schon sehr wirksame Alternativen der Befriedigung kennen, um durch die Geringschätzung seiner Mitmenschen nicht gestört zu werden. Dies gilt vor allem in der Berufssphäre, aber auch in Parteien, Organisationen, Erziehungsinstitutionen, wo die Erfüllung der Kann-Erwartungen vielfach eine Grundbedingung des Fortkommens ist. Ist es auch schwieriger als bei Muß- und Soll-Erwartungen, den genauen Inhalt und die Sanktionen von Kann-Erwartungen zu formulieren, so sind diese doch nicht weniger als jene Teile der Rollen, die uns, ob wir es wollen oder nicht, auf der Bühne der Gesellschaft zufallen [28].

[28] Am Beispiel von Herrn Schmidts Stellung als Schatzmeister des 1. F. C. X-Stadt lassen die Formen von Rollenerwartungen und ihre Sanktionen sich folgendermaßen resümieren:

Art der Erwartung	Art der Sanktion		Beispiel (Schatzm. d. 1. F. C. X-Stadt)
	positiv	negativ	
Muß-Erwartung	–	gerichtliche Bestrafung	ehrliches Finanzgebaren usw.
Soll-Erwartung	(Sympathie)	sozialer Ausschluß	aktive Teilnahme an allen Club-Veranstaltungen usw.
Kann-Erwartung	Schätzung	(Antipathie)	freiwilliges Sammeln von Geldern usw.

Eine ähnliche Klassifizierung von Rollenerwartungen nach dem Grad ihrer Verbindlichkeit führen auch *N. Gross* und Mitarbeiter (a.a.O., S. 58 ff.) ein, wenn sie von *permissive* (Kann-), *preferential* (Soll-) und *mandatory expectations* (Muß-Erwartungen) sprechen, doch nimmt der fehlende Bezug auf gesetzliche Sanktionen der Definition der einzelnen Klassen hier vieles von ihrer möglichen Kraft.

Die Klassifizierung und Definition der Sanktionen, die Konformität mit sozialem Rollenverhalten garantieren, führt uns ersichtlich in die Sphäre der Rechtssoziologie hinein. Zwischen Muß-, Soll- und Kann-Erwartungen einerseits, Gesetz, Sitte und Gewohnheit andererseits besteht nicht nur eine Analogie, sondern diese beiden Begriffsgruppen beziehen sich auf identische Gegenstände. Wie wir im Bereich des Rechtes annehmen können, daß jede Gesellschaft ständig Prozesse der Verfestigung von Gewohnheiten zu Sitten, von Sitten zu Gesetzen aufweist, so unterliegen auch soziale Rollen ständigem Wandel in diesem Sinne. Wie Gesetze bei Veränderung ihres sozialen Hintergrundes an Geltung verlieren können, so unterliegen auch Muß-Erwartungen einem Prozeß des Geltungswandels. Daß der Ehemann und Vater Schmidt auch für seine Eltern und die Eltern seiner Frau noch zu sorgen verpflichtet ist, war einmal eine Muß-Erwartung, die sich an seine Rollen knüpfte. In der westlichen Gesellschaft der Gegenwart verschafft es ihm allenfalls zusätzliches Ansehen, wenn er die von ihm erwartete Liebe zu seinen Eltern als Verpflichtung zur Fürsorge interpretiert [29]. Es kann nicht unsere Absicht sein, die diffizilen Zusammenhänge der sozialen Fundierung des Rechtssystems hier zu erörtern; nicht alle ihre Probleme tragen zum Verständnis der Kategorie der sozialen Rolle bei. Doch gilt es, im Auge zu behalten, daß die Vermittlung des Einzelnen und der Gesellschaft durch soziale Rollen den Einzelnen unter anderem auch an die Welt von Recht und Sitte bindet. Herr Schmidt spielt seine Rollen, weil Gesetz und Sitte ihn dazu zwingen; aber indem er seine Rollen spielt, werden Gesetz und Sitte für ihn bestimmte Größen, nimmt er teil an der normativen Struktur der Gesellschaft. Auch für die soziologische Analyse der Normen und Institutionen des Rechtes ist die Kategorie der Rolle ein sinnvoller Ansatzpunkt. Während die Formulierung von Rollenerwartungen unabhängig von den ihre Einhaltung erzwingenden Sanktionen leicht zu kaum kontrollierbaren, vagen Bestimmungen führt, macht das Vorhandensein von Sanktionen diese Erwartungen faßbar und überprüf-

---

[29] Auch die in Deutschland seit langem andauernden Diskussionen um die §§ 175 (Homosexualität) und 218 (Abtreibung) illustrieren den intimen Zusammenhang von Gesetz und Sitte und die Arten der Einwirkung gewohnheitsmäßigen tatsächlichen Verhaltens auf Verhaltenserwartungen.

bar/Sanktionen eignen sich daher vorzüglich zur Klassifizierung sozialer Rollen. Im Hinblick auf Sanktionen können wir Rollen nach dem Grad ihrer Verbindlichkeit einordnen. Es gibt soziale Rollen, denen viele und einschneidende Muß-Erwartungen anhaften – z. B. Staatsbürger, auch Vater, Ehemann –, und es gibt andere, bei denen rechtliche Sanktionen kaum ins Spiel kommen – z. B. Skatspieler, auch Protestant, Deutscher. Das Maß der Institutionalisierung sozialer Rollen, d. h. der Grad, zu dem ihre Vorschriften rechtlich sanktioniert sind, gibt uns einen Maßstab für die Bedeutung von Rollen für den Einzelnen wie für die Gesellschaft. Wenn es gelingt, die Schärfe verhängbarer Sanktionen zu quantifizieren, dann haben wir damit ein Maß, das die Einordnung, Kennzeichnung und Unterscheidung sämtlicher in einer Gesellschaft bekannten Rollen ermöglicht [30].

Sowenig indes *homo sociologicus* den ganzen Menschen ausmacht, sowenig schreibt jede einzelne seiner Rollen Herrn Schmidt sein gesamtes Verhalten als Träger einer sozialen Position vor. Es gibt einen Bereich, in dem der Einzelne frei ist, seine Rollen selbst auszugestalten und sich so oder anders zu verhalten. Wenn wir in der Tatsache der Gesellschaft vor allem das Ärgernis sehen, werden wir besondere Mühe daran zu wenden haben, diesen freien Bereich abzugrenzen. Es ist offenbar Vater Schmidt überlassen, ob er mit seinen Kindern Eisenbahn oder Fußball spielt. Keine soziale Instanz schreibt ihm vor, ob er sich das Gehör seiner Schüler durch seinen Humor oder seine intellektuelle Kompetenz verschafft. Aber diese Freiheiten scheinen gering, wenn man sie an dem Zwang sanktionierter Rollenerwartungen mißt. Das moralische Problem des *homo sociologicus*, der in jeder seiner Ausdrucksformen nur Rollen spielt, die dem Menschen von der unpersönlichen Instanz der Gesellschaft auferlegt sind, wird um so bedrohlicher, je schärfer wir die Kategorie der sozialen Rolle zu fassen suchen. Ist *homo sociologicus* der sich gänzlich entfremdete Mensch, in die Hand von Mächten gegeben, die Menschenwerk sind, und doch ohne Chance, diesen Mächten zu entweichen?

Noch ist es nicht möglich, diese Frage, die unsere Überlegungen an jedem Punkt begleitet, mit der nötigen Präzision zu erörtern. Im-

---

[30] Vgl. für diesen Zusammenhang unten Abschnitt VIII; s. auch Anm. 74.

merhin darf nicht übersehen werden, daß soziale Rollen und die ihren Vorschriften anhaftenden Sanktionen nicht nur ein Ärgernis sind. Gewiß bezieht der Mensch viele seiner Sorgen und Nöte aus der Tatsache, daß die Gesellschaft ihn in Bahnen und Formen zwingt, die er sich nicht selbst gewählt oder geschaffen hat. Doch sind es nicht nur Sorgen und Nöte, die ihm hieraus erwachsen. Daß die Tatsache der Gesellschaft ein Gerüst sein kann, das uns aufrechterhält und Sicherheit gibt, gilt auch für die, die bemüht sind, sich von ihren Rollen nach Möglichkeit zu distanzieren. Ob der Mensch in der Lage wäre, sein gesamtes Verhalten ohne die Assistenz der Gesellschaft selbst schöpferisch zu gestalten, ist eine spekulative Frage, die überzeugend zu beantworten kaum möglich ist. Daß andererseits die Freiheit nicht nur ein Gewinn ist, wissen wir nicht erst, seit Jean-Paul Sartre »La Nausée« schrieb. Es ist zumindest denkbar, daß der sämtlicher Rollen entkleidete Mensch es schwierig finden würde, seinem Verhalten sinnvolle Muster aufzuprägen, und es scheint sicher, daß die Befriedigungen, die wir erfahren, uns häufig aus den Rollen, die nicht unser Werk sind, erwachsen. Das Problem der Freiheit des Menschen als gesellschaftlichen Wesens ist ein Problem des Gleichgewichts zwischen rollenbestimmtem Verhalten und Autonomie, und die Analyse des *homo sociologicus* scheint zumindest in diesem Punkt das dialektische Paradox von Freiheit und Notwendigkeit zu bewähren.

V

Die Rollen des Schauspielers sind auf angebbare Weise definiert und garantiert. Ihr bestimmter Inhalt geht zurück auf das Werk eines Autors; daß dieser Inhalt richtig reproduziert wird, überwacht neben dem Autor ein Regisseur. Beide sind als Personen identifizierbar. Wer aber definiert soziale Rollen und überwacht ihre Einhaltung? Die Art und Weise, in der wir bisher von »der Gesellschaft« gesprochen haben, ist zwar bei neueren Autoren verbreitet, aber keineswegs zu rechtfertigen. Die Gesellschaft ist entschieden keine Person, und jedes personifizierende Reden von ihr verwischt Zusammenhänge und nimmt Aussagen ihre Kraft. Obschon Gesellschaft eine Tatsache ist, an der der Einzelne sich stoßen kann und muß wie an einem Stein oder Baumstumpf, genügt es nicht, die Frage nach dem Urheber und Regisseur des sozialen Rollenspiels mit dem simplen Hinweis auf die Tatsache der Gesellschaft abzutun. Es läßt sich schwerlich bestreiten, daß die Gesellschaft aus Einzelnen besteht und in diesem Sinne von Einzelnen geschaffen ist, wenn auch die bestimmte Gesellschaft, in der Herr Schmidt sich findet, mehr von seinen Vätern als von ihm geschaffen sein mag. Andererseits drängt die Erfahrung sich auf, daß die Gesellschaft in irgendeinem Sinne nicht nur mehr, sondern etwas wesentlich anderes ist als die Summe der in ihr lebenden Einzelnen. Gesellschaft ist die entfremdete Gestalt des Einzelnen, *homo sociologicus* ein Schatten, der seinem Urheber davongelaufen ist, um als sein Herr zurückzukehren. Selbst wenn wir vorerst darauf verzichten, die ganze Tiefe dieses paradoxen Verhältnisses auszuloten, drängt sich die Frage auf, wie denn in soziologischen Zusammenhängen Autor und Regisseur der Rollen identifiziert und in operationeller Bestimmtheit beschrieben werden können. In der Literatur ist diese Frage selten genug gestellt und nie beantwortet worden; doch hält die moderne Soziologie alle Werkzeuge zu ihrer Lösung bereit.

Was unter Ausdrücken wie »gesellschaftliche Satzungen«, »von der Gesellschaft definierte Rollenerwartungen« und »von der Gesellschaft verhängte Sanktionen« zu verstehen ist, läßt sich in Allgemeinheit nur mit Metaphern oder doch aufweisbar unbefriedigenden Auskünften beantworten [31]. Sind unter »der Gesellschaft« in solchen Formeln alle Menschen in einer bestimmten Gesellschaft zu verstehen? Diese Interpretation ist offenkundig zu weit. Die meisten Menschen in jeder gegebenen Gesellschaft haben mit der Formulierung der Erwartungen, die sich an die Rollen »Vater«, »Studienrat« oder »Staatsbürger« (geschweige denn »Schatzmeister des 1. F. C. X-Stadt« und »3. Vorsitzender der Y-Partei«) knüpfen, weder direkt noch indirekt etwas zu tun. Sie werden nicht nur nicht befragt, sondern selbst wenn sie gefragt würden, hätte ihre Meinung wenig Verbindlichkeit für andere. Was immer ihre Aufgabe sein

---

[31] Das gleiche gilt auch für die Formeln, in denen das Wort »Gesellschaft« ausdrücklich nicht vorkommt, wie *institutionalized expectations, norms* und *culture patterns,* die alle zumindest im Hinblick auf soziale Rollen der Präzisierung bedürfen.

mag, Repräsentativ-Befragungen der Meinungsforschung haben gewiß nicht den Sinn, Normen zu setzen. Sind es dann vielleicht das Parlament oder die Regierung eines Landes, die stellvertretend für alle als »die Gesellschaft« fungieren und Rollenerwartungen und Sanktionen festsetzen? Auch diese Vermutung ist sicherlich nicht ganz falsch, doch ist sie zu eng. Selbst im totalitären Staat entziehen sich zumindest die Soll- und Kann-Erwartungen administrativer Dekretierung; viele Normen des gesellschaftlichen Verhaltens bestehen, ohne daß die Regierung sie kennt oder auch nur zu kennen wünscht. Der Fehler von Ansätzen wie diesen beiden liegt darin, daß sie hinter dem Singular »die Gesellschaft« eine einzige Instanz oder zumindest ein einziges Kollektiv vermuten und zögern, die abkürzende Rede von einer Macht, die so spürbar in unser Leben eingreift, auf die Möglichkeit hin zu untersuchen, daß sie eine Vielfalt von Kräften zwar gleichen Charakters, aber unterschiedlichen Ursprungs verbirgt.

Bei der Bestimmung der Kategorien »Position« und »Rolle« haben wir betont, daß es für gewisse Zwecke der Analyse nützlich sei, beide Kategorien als Aggregate von Segmenten zu verstehen. Die meisten Positionen involvieren ihre Träger nicht nur in einer einzigen Beziehung zu einer anderen Position (wie etwa Ehemann-Ehefrau), sondern stellen ihn in ein Feld von Beziehungen zu Personen und Kategorien oder Aggregaten von Personen. Der Studienrat ist als solcher mit Schülern, Eltern, Kollegen und Vorgesetzten verknüpft, und er kennt für jede dieser Gruppen einen eigenen, isolierbaren Satz von Erwartungen. Er soll den Schülern, nicht aber den Vorgesetzten Wissen vermitteln, mit den Kollegen, nicht aber mit den Eltern über Zensuren entscheiden. Wenn er zu Kollegen unfreundlich ist, treffen ihn deren Sanktionen, nicht die der Schüler; ob er seinen Vorgesetzten Respekt erweist, ist den Eltern gleichgültig. Der Versuch bietet sich an, in solchen Gruppen, die das Beziehungsfeld des Trägers einer Position ausmachen, »die Gesellschaft« im Hinblick auf diese Position zu suchen, d. h. den Zusammenhang zwischen den Normen dieser Gruppen und den Rollenerwartungen der durch sie bestimmten Positionen zu erkunden.

Aus der Interpretation der in den Vereinigten Staaten unter der Leitung von S. A. Stouffer und anderen über den »American Soldier« im zweiten Weltkrieg gesammelten Daten hat R. K. Merton eine Kategorie entwickelt, deren Relevanz für die Bestimmung des Rollenbegriffes in jüngster Zeit mehrere Sozialwissenschaftler entdeckt haben, die Kategorie der *Bezugsgruppe (reference group)* [32]. Der Begriff der Bezugsgruppe stammt aus der Sozialpsychologie und ist von Merton vor allem in sozialpsychologischem Sinn verwandt worden. Er bezeichnet den Sachverhalt, daß ein Einzelner sein Verhalten an der Zustimmung oder Ablehnung von Gruppen orientiert, denen er selbst nicht zugehört. Bezugsgruppen sind Fremdgruppen, die als Wertskalen individuellen Handelns fungieren; sie bilden das Bezugssystem, innerhalb dessen der Einzelne sein und anderer Verhalten bewertet. Mit einer leichten Bedeutungsverengung und -verschiebung läßt dieser Begriff sich soziologisch fassen und auf unseren Zusammenhang anwenden. Wenn wir unter Bezugsgruppen nicht jede vom Einzelnen willkürlich gewählte Fremdgruppe, sondern vielmehr nur solche Gruppen verstehen, zu denen seine Positionen ihn notwendig in Beziehung bringen, dann können wir sagen, daß jedes Positions- und Rollensegment eine Verbindung zwischen dem Träger einer Position und einer oder mehreren Bezugsgruppen herstellt. Bezugsgruppen sind dann allerdings nicht mehr notwendig Fremdgruppen; der Einzelne kann auf Grund seiner Position ihr Mitglied sein. So verstanden, läßt das Positionsfeld des Studienrates Schmidt sich als Aggregat von Bezugsgruppen präzisieren, deren jede ihm Vorschriften auferlegt und sein Verhalten positiv oder negativ zu sanktionieren vermag. Die Frage nach dem Wesen »der Gesellschaft« im Hinblick auf soziale Rollen wird zur Frage nach der Art, in der Bezugsgruppen die Erwartungen der durch sie lokalisierten Positionen bestimmen und sanktionieren [33].

[32] *R. K. Merton* hat die Theorie der Bezugsgruppen zuerst in seinen (zus. mit *A. C. Rossi* verfaßten) Aufsatz "Contributions to the Theory of Reference Group Behavior" entwickelt und später in dem längeren Essay "Continuities in the Theory of Reference Groups and Social Structure" ausgearbeitet. Beide Arbeiten sind in der 2. Auflage seines Werkes "Social Theory and Social Structure" (Glencoe 1957) abgedruckt. Die Verbindung zwischen der Theorie der Bezugsgruppen und der Rollenanalyse hat *Merton* selbst mehrfach angedeutet; um ihre Präzisierung bemühen sich u. a. *J. Ben-David* (Jerusalem) und *D. Mandelbaum* (Berkeley) in noch unveröffentlichten Arbeiten.
[33] Es ist deutlich, daß der Begriff der Gruppe in einem sehr allgemeinen Sinne

Nur ein einziges Mal ist meines Wissens eine ähnlich formulierte Frage in der Literatur gestellt worden, und diese Erörterung weist so aufschlußreiche Mängel auf, daß es sich rechtfertigt, wenn wir hier von unserem Vorsatz, eine kritische Durchsicht der Literatur zunächst zurückzustellen, einmal abweichen. In ihren »Explorations in Role Analysis« unterscheiden N. Gross und andere ähnlich wie wir hier Positionen und Rollen und verstehen beide als Aggregat von Segmenten [34]. Auch für Gross ist jedes Positions- und Rollensegment auf eine Gruppe anderer Positionen und Rollen bezogen (wobei er die Kategorie der Bezugsgruppe allerdings nicht verwendet). Um nun die Art und Weise der Einwirkung dieser Bezugsgruppen auf durch sie definierte Positionen und Rollen empirisch faßbar zu machen, schlägt Gross vor, die Mitglieder der Bezugsgruppen über die Erwartungen zu befragen, die sie an den Träger der in Frage stehenden Position knüpfen. Gross selbst führt diesen Vorsatz am Beispiel des Schulrates *(school superintendent)* durch und befragt sowohl Vorgesetzte als auch Lehrer und Schulräte selbst über das, was sie von einem Schulrat erwarten. Gross glaubt, auf diese Weise konkrete Formulierungen von Rollenerwartungen gewinnen und zugleich erfahren zu können, bis zu welchem Grade die Mitglieder von Bezugsgruppen im Hinblick auf solche Erwartungen übereinstimmen. Es kann nicht überraschen, daß Gross in vielerlei Hinsicht keine Übereinstimmung oder allenfalls schwache Mehrheiten findet – ein Ergebnis, das ihn zu den Fragen führt: "How much consensus on what behaviors is required for a society to maintain itself? How much disagreement can a society tolerate in what areas? To what extent do different sets of role definers hold the same role definitions of key positions in a society? On what aspects of role definitions do members of different 'subcultures' in a so-

gebraucht wird, wo von »Bezugsgruppen« die Rede ist. Zumindest in der veränderten Bedeutung, die wir dem Begriff hier gegeben haben, sind Bezugsgruppen nicht nur eigentliche, d. h. formalisierte Gruppen, sondern z. B. auch bloße Kategorien wie »Bewohner der Mittelstadt X«. Eine solche Begriffserweiterung ist immer zweifelhaft; *Merton* führt daher im Zusammenhang mit Rollen aus gutem Grund den mathematischen Begriff des *set* ein ("The Role-Set", a.a.O.). Doch führt die Übersetzung von *set* im Deutschen zu dem wenig einprägsamen Begriff der »Menge«, der sich kaum empfehlen dürfte.

[34] Vgl. Anm. 24. Das in Frage stehende Werk hat drei Autoren, doch zeichnet für den theoretischen Teil vor allem *N. Gross* verantwortlich.

ciety agree and disagree? To what extent is deviant behavior a function of deviant role definitions? Why do members of society differ in their role definitions?" [35]

In mehrfacher Hinsicht stellt die Studie von Gross und anderen einen Fortschritt gegenüber früheren Erörterungen der Kategorie der Rolle dar. Sie ist begrifflich klar und einleuchtend; vor allem aber hat Gross einen ernstlichen Versuch unternommen, das allgemeine Reden von »der Gesellschaft« durch präzisere und operationell brauchbare Kategorien zu ersetzen. Doch scheint es, als hätte der verständliche Wunsch, zu empirisch brauchbaren Formulierungen zu kommen, Gross dazu verführt, eines der wesentlichen und starken Elemente der Kategorie der sozialen Rolle aufzugeben. Gross reduziert die Tatsächlichkeit der gesellschaftlichen Kontrolle des Einzelnen durch seine Rollen auf die unsichere Basis von Mehrheitsmeinungen und liefert damit die Tatsache der Gesellschaft an die Willkür der Fragebogenantwort aus. Wenn sechs von zehn befragten Eltern meinen, ein Schulrat solle nicht rauchen und müsse verheiratet sein, so sind diese Verhaltenserwartungen für Gross Bestandteile der Rolle des Schulrats; wenn andererseits – Gross geht so weit nicht, doch trennt seinen Ansatz nichts von so absurden Konsequenzen – 35 von 40 Schülern meinen, niemand von ihnen sollte schlechte Zensuren bekommen, so ist auch dies eine Erwartung, die sich an die Rolle des Lehrers und, als Aufsichtsperson, des Schulrats knüpft. Der Verdacht drängt sich auf, daß Gross den Ausdruck »Erwartung« zu wörtlich verstanden und bei seinen Überlegungen und Untersuchungen nicht daran gedacht hat, daß auch Gesetze Erwartungen enthalten, die das Verhalten von Einzelnen in bestimmte Bahnen lenken, ja daß Gesetze und Gerichte uns in besonderer Weise Aufschluß über die Kategorie der sozialen Rolle zu geben vermögen. Der Begriff der Rolle bezeichnet nicht Verhaltensweisen, über deren Wünschbarkeit ein mehr oder minder eindrucksvoller Consensus der Meinungen besteht, sondern solche, die für den Einzelnen verbindlich sind und deren Verbindlichkeit institutionalisiert ist, also unabhängig von seiner oder irgendeines anderen Meinung gilt [36]. Der Versuch, die Kategorien der Rolle und der Bezugsgruppe

---

[35] *Gross* u. a., a.a.O., S. 31.
[36] In diesem Punkt mißversteht *Gross* frühere Rollendefinitionen, wenn er ihnen

zu verbinden, muß daher in erster Linie an solchen Merkmalen von Bezugsgruppen interessiert sein, die sich ohne Meinungsbefragung ihrer Mitglieder ermitteln lassen. Befragungen können in diesem Bereich nur den Sinn haben, Vorschriften und Sanktionen zu ermitteln, die tatsächlich in diesen Gruppen gelten, also gewissermaßen das positive Recht dieser Gruppen ausmachen.

Die These, die hier vertreten werden soll, besagt, daß die Instanz, die Rollenerwartungen und Sanktionen bestimmt, sich in dem Ausschnitt der in Bezugsgruppen geltenden Normen und Sanktionen finden läßt, der sich auf durch diese Gruppen lokalisierte Positionen und Rollen bezieht. Studienrat Schmidt ist Beamter und als solcher den allgemeinen beamtenrechtlichen Bestimmungen wie den Sondervorschriften und -gewohnheiten der für ihn zuständigen Behörde unterworfen; er ist Lehrer und in dieser Funktion gehalten, den Satzungen und Vorschriften seiner Standesorganisation zu folgen; aber auch die Eltern seiner Schüler und die Schüler selbst bilden Bezugsgruppen mit bestimmten Normen und Sanktionen, die sich auf das Verhalten des Lehrers beziehen. Allgemein lassen sich für jede menschliche Gruppe gewisse Regeln und Sanktionen angeben, mit denen diese Gruppe auf das Verhalten ihrer Mitglieder und auf das von Nichtmitgliedern, zu denen die Gruppe in Beziehung tritt, einwirkt und die sich prinzipiell von den Meinungen der Einzelnen innerhalb oder außerhalb der Gruppe ablösen lassen. In diesen Regeln und Sanktionen liegt der Ursprung von Rollenerwartungen und ihrer Verbindlichkeit. Die Artikulierung solcher Erwartungen stellt uns also in jedem einzelnen Fall vor die Aufgabe, zunächst die Bezugsgruppen einer Position zu identifizieren und sodann die Normen ausfindig zu machen, die jede Gruppe im Hinblick auf die in Frage stehende Position kennt.

Es ist nicht schwer zu sehen, daß dieses Vorgehen nur so lange ohne größere Schwierigkeiten möglich ist, wie wir es mit organisierten Bezugsgruppen zu tun haben. Alle Muß- und die meisten Soll-Er-

---

ein »Postulat des Rollenconsensus« unterstellt (a.a.O.; Kap. III). Ohne Zweifel ist die Rede von *culture patterns* und *expectations defined by society* ungenau, doch steht hinter diesen Wendungen der Gedanke an Quasi-objektive, institutionalisierte Normen, nicht an übereinstimmende Meinungen und Auffassungen; jene und nicht diese bedürfen daher der Präzisierung.

wartungen von sozialen Positionen lassen sich auf diese Weise ausmachen. Muß-Erwartungen finden sich ja nur in dem Bereich, in dem die ganze Gesellschaft und ihr Rechtssystem zur Bezugsgruppe des Einzelnen werden, in dem der Träger einer Position also Vorschriften unterliegt, deren Einhaltung durch Gesetze und Gerichte garantiert wird. Soll-Erwartungen stammen oft von öffentlichen Organisationen oder Institutionen, von Standesorganisationen, Betrieben, Parteien oder Klubs. Diese kennen zumeist Satzungen, feste Gewohnheiten und Präzedenzfälle, an denen sich ihre Normen und Funktionen ablesen lassen. Schon wenn wir es mit einer Bezugsgruppe wie »Eltern der Schüler« zu tun haben, jedenfalls aber bei nicht fixierten Kann-Erwartungen hilft uns Dokumentenstudium oder informatorisches Fragen kaum noch weiter. Ist es in diesem Falle nicht doch erforderlich, die Mitglieder der Bezugsgruppe über ihre Meinung zu befragen und einen Consensus zu suchen? Dieser Weg liegt nahe, ja er scheint beinahe der einzige realisierbare Weg zu sein. Dennoch ist er ein Irrweg. Wenn wir den Begriff der Rolle nicht an die Willkür individueller Meinungen ausliefern, sondern im Schnittpunkt des Einzelnen und der Tatsache der Gesellschaft halten wollen, dann ist es besser, auf die präzise Formulierung vieler Kann-Erwartungen vorerst zu verzichten, als sich mit der Scheinpräzision einer Meinungsbefragung der Möglichkeit zu begeben, die Kategorie der Rolle in ihrer ganzen Fruchtbarkeit zu verwenden. Es wird sich daher empfehlen, daß wir uns, solange brauchbare Methoden zur Ermittlung nicht fixierter Rollenerwartungen nicht gefunden sind, damit begnügen, an Hand feststehender Normen, Gewohnheiten und Präzedenzfälle (die überdies auch im Fall von Kann-Erwartungen nicht selten vorhanden sind [37]) die faßbaren Elemente sozialer Rollen zu formulieren.

---

[37] Gerade bei wenig formalisierten Gruppen wie etwa den Eltern der Schüler einer Klasse entstehen Normen oft erst bei einer Herausforderung (und dann allerdings in sehr intimem Kontakt mit den Meinungen der Beteiligten). Ein Lehrer erzählt seinen Schülern offenkundig Falsches, das diese zu Hause berichten; die Eltern beschließen, etwas dagegen zu unternehmen. Solche Präzedenzfälle leben dann als Normen fort; wo sie vorliegen, können wir auch Kann-Erwartungen identifizieren. Für eine mögliche Alternative zur Ermittlung von Kann-Erwartungen sowie für den ganzen Komplex der empirischen Analyse von Rollenerwartungen vgl. Abschnitt VIII.

Die Meinungen der Mitglieder von Bezugsgruppen und der Grad des Consensus der Meinungen sind natürlich weder für soziographische Zwecke noch auch für die Rollenanalyse ohne Bedeutung. Nur liegt die Bedeutung dieses Ansatzes an einem anderen Punkt, als N. Gross in seiner Studie annimmt. Wir haben bisher die Normen und Sanktionen der Bezugsgruppen von Rollen als gegeben angenommen; es bleibt jedoch zu fragen, wie denn diese Normen zustande gekommen oder, was dasselbe ist, auf welche Weise sie verändert und außer Kraft gesetzt werden können. Vielleicht ist auch das Verhältnis des Consensus der Meinungen und der geltenden Normen dem von Recht und Sitte analog. Eine Norm, die nicht von einer Mehrheit der Gruppenmitglieder gestützt oder zumindest toleriert wird, steht auf schwachen Füßen. Wenn es etwa zu den Gewohnheiten eines Lehrerverbandes gehört, daß alle Lehrer wöchentlich einmal Elternversammlungen einberufen, die meisten Lehrer dies aber für eine völlig unpraktikable Rollenerwartung halten, dann ist die Voraussage nicht gewagt, daß diese Norm in absehbarer Zeit abgeändert, zumindest aber nicht erzwungen und dadurch von einer Soll- zu einer Kann-Erwartung wird. Nicht die Geltung, wohl aber die Legitimität von Normen läßt sich durch ihre Konfrontierung mit den Meinungen der Betroffenen messen. So hätte Gross, wenn er die Ergebnisse seiner Studie mit den institutionalisierten Rollenerwartungen der Position »Schulrat« konfrontiert hätte, daraus manches über die Zukunft der von ihm studierten Rolle und die Legitimität ihrer Erwartungen erfahren können. In der theoretischen Erörterung gilt es klar zu trennen zwischen (1) fixierten Normen von Bezugsgruppen, die als Rollenerwartungen dem Träger einer Position gegeben sind, (2) den Meinungen der Mitglieder von Bezugsgruppen über diese Normen, die deren Legitimität und Wandel bestimmen, und (3) dem tatsächlichen Verhalten der Spieler von Rollen. Für den Begriff der sozialen Rolle sind Verhaltensweisen nur als Erwartungen im ersten Sinn von Belang; die Gegenüberstellung von Normen und Meinungen in Bezugsgruppen sowie Rollen und tatsächlichem Verhalten der Träger von Positionen setzt den Rollenbegriff voraus und wird nur vor seinem Hintergrund wesentlich.

Unter allen Bezugsgruppen, in deren Bann wir als Träger sozialer

Positionen geraten, ist die ganze Gesellschaft mit ihrem Rechtssystem von besonderem Interesse, zumal der Verdacht entstehen könnte, als führten wir hier einen Kollektivbegriff unkritisch wieder ein, den wir gerade auf präzisere Kategorien reduziert glaubten. Wir haben Muß-Erwartungen als Erwartungen definiert, hinter denen die Kraft des Gesetzes und die Drohung der Gerichte steht. Wo immer dies der Fall ist, läßt sich offenbar keine Teilgruppe der Gesellschaft als Bezugsgruppe identifizieren. Obwohl nicht in jeder unserer Rollen alle Teile des Rechtssystems unserer Gesellschaft auf uns anwendbar sind, obwohl also für Vater Schmidt das Beamtenrecht, für Studienrat Schmidt das Familienrecht und für Herrn Schmidt in seinen sämtlichen Rollen das Seerecht gleichgültig ist, läßt sich doch weder das gesamte Rechtssystem noch irgendeiner seiner Teile als von einer partikularen Bezugsgruppe für andere gesetzte Norm beschreiben. Als latente Erwartungen bzw. häufiger als latente Verbote begleiten Recht und Gesetz uns in den meisten unserer sozialen Rollen. Insofern daher Studienrat Schmidt dem Beamtenrecht und Vater Schmidt dem Familienrecht unterworfen ist, müssen wir annehmen, daß hier die gesamte Gesellschaft, deren Teil Herr Schmidt ist, sein Verhalten an ihren Normen mißt. »Die gesamte Gesellschaft« aber heißt hier alle Menschen in dieser Gesellschaft, insofern sie durch gesetzgebende und rechtsprechende Institutionen vertreten sind. In diesem begrenzten Sinn tritt die Bezugsgruppe »gesamte Gesellschaft« neben andere Bezugsgruppen in der Bestimmung und Kontrolle von Rollenerwartungen [38].

Wenn nicht aller Anschein trügt, kann die Verbindung der Theorie der Bezugsgruppen mit der Kategorie der sozialen Rolle uns helfen, die metaphorische Personifizierung »der Gesellschaft« durch greifbarere Kategorien zu überwinden. Im Hinblick auf soziale Rollen

---

[38] Dies ist ein schwieriges Problem, das in anderem Zusammenhang weiterer Erläuterung bedarf. Sein Kern liegt in der Tatsache, daß z. B. das Seerecht, obwohl es nur auf eine begrenzte Gruppe von Personen und Institutionen anwendbar ist, trotzdem als Recht den Anspruch auf Universalität in sich trägt. In der empirischen Analyse kommt zu diesem Doppelaspekt noch die verunklärende Tatsache hinzu, daß Sondergruppen auf dem Umweg über Parlamente Recht schaffen können, das nur sie begünstigt, daß sie also ihren Normen den Anstrich der Universalität geben können. Logisch ist bei der Behandlung der ganzen Gesellschaft als Bezugsgruppe der Sachverhalt wichtig, daß »die Gesellschaft« keineswegs nur als alle anderen Gruppen umfassende Ein-

erweist sich die ärgerliche Tatsache der Gesellschaft als ein Konglomerat mehr oder minder verbindlicher, mehr oder minder partikularer Gruppennormen. Jede Gruppe trägt dazu bei, die Formen vieler Rollen zu prägen, umgekehrt kann jede Rolle das Resultat der Einwirkung vieler Gruppen sein. Nicht immer ist die so entstehende Form ein einheitliches, wohlabgewogenes Gebilde. Durch die Verbindung von Rollen und Bezugsgruppen wird es uns vielmehr möglich, eine schwerwiegende Form des sozialen Konflikts, den Konflikt innerhalb von Rollen, schärferer Analyse zugänglich zu machen. Es ist durchaus vorstellbar, daß die Normen der Kollegen des Studienrates Schmidt und die seiner Vorgesetzten ihm gegensätzliches Verhalten in gleichen Situationen vorschreiben, so daß er Gefahr läuft, mit jeder seiner Entscheidungen eine Erwartung zu enttäuschen und dafür zur Rechenschaft gezogen zu werden. Einige Konflikte dieser Art sind in modernen Gesellschaften notorisch. Man denke nur an den Konflikt des Universitätsprofessors zwischen den drei Erwartungen zur Forschung, zur Lehre und zur Verwaltung seines Instituts; an den Konflikt des Arztes zwischen den Verpflichtungen, dem Patienten nach besten Kräften zu helfen und seiner Krankenkasse möglichst geringe Kosten zu verursachen; an den Konflikt des Arbeitsdirektors zwischen den Erwartungen seiner Kollegen im Vorstand und denen der Arbeiter, die er vertritt. An diesen Beispielen mag deutlich werden, in welcher Weise begriffliche Klärung, indem sie uns befähigt, unsere Fragen zu präzisieren, zur Lösung empirischer Probleme beizutragen vermag [39].

VI

In den Erörterungen der beiden letzten Abschnitte haben wir versucht, einige der Unklarheiten, die dem Reden von der »Verbindlichkeit« und der »gesellschaftlichen Definition« von Rollenerwartungen innewohnen, aufzuhellen. Neben diesen beiden steht eine

---

heit betrachtet werden muß, sondern in gegebenen Zusammenhängen als Teilmenge *(subset)* ihrer selbst vollgültig neben andere Bezugsgruppen treten kann.

[39] Vgl. für eine etwas ausführlichere Erörterung solcher Probleme Abschnitt VIII.

dritte erklärungsbedürftige Form des Sprechens, die in Sätzen deutlich wird wie: »Der Einzelne findet seine Rollen als gegeben vor.« »In Rollen werden der Einzelne und die Gesellschaft vermittelt.« Wie der Einzelne zu seinen Positionen und seinen Rollen kommt und in welcher Lage er sich gegenüber diesen findet, sind offene Fragen. In der soziologischen Diskussion ist diesen Fragen allerdings sehr viel mehr Aufmerksamkeit gewidmet worden als den beiden früheren, so daß unsere Erörterung hier in stärkerem Maße zum Referat bekannter Überlegungen wird. Zugleich führen diese Erörterungen uns besonders nahe an das Ausgangsproblem dieses Versuchs heran: wie denn das Paradox des ganzen Menschen unserer Erfahrung und des rollenspielenden *homo sociologicus* scharf zu fassen und zu ertragen sei. Denn das Verhältnis des Einzelnen zu seinen sozialen Rollen birgt ja in sich die Geburt des *homo sociologicus* aus dem ganzen Menschen, die Entfremdung des Menschen zum Schauspieler auf der Bühne der Gesellschaft.

Das Zusammenkommen von Einzelnen und Gesellschaft läßt sich an einem Gedankenexperiment verdeutlichen, das, so sichtbar es den Stempel wirklichkeitsferner Phantasie trägt, doch Aufschlüsse von sehr realer Anwendbarkeit verspricht. Positionen sind unabhängig von Einzelnen denkbar und lokalisierbar; das Sozialgefüge der Gesellschaft könnte als ein riesiger Organisationsplan erscheinen, in dem Abertausende von Positionen in ihren Feldern wie Sonnen mit einem Planetensystem verzeichnet sind. »Studienrat«, »Vater«, »Deutscher« und »Schatzmeister des 1. F. C. X-Stadt« sind sämtlich Orte in diesem Plan, ohne daß Herr Schmidt oder irgendein anderer Einzelner auch nur gedacht zu werden braucht. Auf der anderen Seite stellen wir uns Herrn Schmidt und alle seine Zeitgenossen als Menschen vor, die noch frei von jeder gesellschaftlichen Stellung, also gewissermaßen reine soziale Potenz sind. Die Aufgabe des Gedankenexperiments sei es nun, die beiden, den Organisationsplan und die »reinen« Menschen, so zusammenzubringen, daß jede Position des Plans von (mindestens) einem Menschen besetzt wird und jeder Mensch (mindestens) eine Position zuerkannt bekommt. Das letztere ist leichter als das erstere, denn die Zahl der Positionen übersteigt die der »verfügbaren« Menschen um ein Vielfaches; doch seien nahezu beliebige Kombinationen von Positionen für jeden Menschen erlaubt [40]. Weniger schematisch zwar, aber doch mit analoger Problematik stellt sich jeder Gesellschaft diese Aufgabe der Zuordnung von Positionen und Menschen; die Lösung der Aufgabe bildet einen Grundmechanismus des sozialen Prozesses [41]. Mathematisch gesehen ist das Problem der Zuordnung einer großen Zahl von Elementen der Menge »Menschen« und einer noch größeren Menge »Positionen« ein Problem mit einer unüberschaubaren Zahl möglicher Lösungen. Im Hinblick auf einzelne Positionen und einzelne Menschen gilt dies auch für die Gesellschaft. Doch lassen sich unter diesen Lösungen nach gewissen Kriterien Gruppen unterscheiden, und es lassen sich soziale Mechanismen angeben, die zu bestimmten Lösungen führen. Sowenig das Verhalten des *homo sociologicus* selbst bloß den Gesetzen der Zufallswahrscheinlichkeit folgt, sowenig ist der Prozeß der Positionszuordnung ein ungeregeltes mathematisches Experiment.

Das wichtigste Unterscheidungsmerkmal sozialer Positionen im Hinblick auf ihre Zuordnung liegt darin, ob sie dem Einzelnen völlig ohne sein Zutun zufallen, oder ob er durch eigene Aktivität ihrer habhaft werden kann. Vor allem die in biologischen Merkmalen begründeten Positionen fallen dem Einzelnen zu, ohne daß er gefragt wird oder daß ihm die Möglichkeit bleibt, das Ansinnen der Gesellschaft zurückzuweisen. Daß Herr Schmidt »Mann« und »Erwachsener« ist, also seine Geschlechts- und Altersposition, kann er ebensowenig verhindern wie seine Position (als »Sohn«) in der Familie seines Ursprungs. Aber auch daß er »Deutscher« und »Staatsbürger« ist, ergibt sich für Herrn Schmidt automatisch daraus, daß er an einem bestimmten Ort geboren ist und ein gewisses Alter er-

---

[40] In der Wirklichkeit der Gesellschaft sind die Kombinationsmöglichkeiten von Positionen und Menschen natürlich keineswegs beliebig. Vielmehr läßt sich eine Klassifizierung von Positionen entwickeln, so daß jeder Mensch nur jeweils eine Position in jeder Klasse (z. B. den Klassen der Geschlechts-, Alters-, Familien-, National-, Berufspositionen) innehaben kann. Solche Strukturen machen ja gerade den Unterschied zwischen der Tatsache der Gesellschaft und rein zufallswahrscheinlichen Verhältnissen aus.

[41] Der Prozeß der Positionsordnung *(position allocation)* wird von englischen und amerikanischen Soziologen oft mit dem Begriff *role allocation* bezeichnet. Wenn man die hier vorgeschlagene Unterscheidung von Positionen und Rollen akzeptiert, dann ist dieser Ausdruck ungenau; denn zugeordnet werden den zunächst nur Positionen (obwohl jeder von ihnen eine Rolle anhaftet).

reicht hat. Neben diesen *zugeschriebenen Positionen (ascribed positions)* hat Herr Schmidt als Deutscher in der Mitte des 20. Jahrhunderts jedoch eine Reihe von *erworbenen Positionen (achieved positions)*, d. h. Positionen, die er zumindest auch dank seiner eigenen Bemühungen innehat. Daß er »Studienrat«, »Schatzmeister des 1. F. C. X-Stadt« und »Autofahrer« ist, bekundet jeweils ein Element seiner Wahl; diese Positionen sind ihm nicht ohne sein Zutun zugefallen. Die Unterscheidung von zugeschriebenen und erworbenen Positionen hat für alle Gesellschaften Geltung; doch können Positionen von zugeschriebenen zu erworbenen werden und umgekehrt. Für den König in einer erblichen Monarchie ist seine »Berufs«-position zweifellos nicht erworben, und ähnliches galt für viele Berufe in vorindustriellen Gesellschaften. Die Unterscheidung dieser beiden Klassen von Positionen ist nicht immer eindeutig möglich: Ist »Katholik« für das Kind katholischer Eltern in einem katholischen Land eine erworbene, »Vater« für Herrn Schmidt eine zugeschriebene Position? Wenn wir uns an der faktischen Möglichkeit einer Wahl in gegebenen Gesellschaftszusammenhängen orientieren, muß die Antwort in beiden Fällen verneinend sein; doch kann auch dieses Kriterium Grenzfälle nicht ganz ausschließen [42].

Zugeschriebene Positionen unterliegen sozusagen einer totalen Zwangsbewirtschaftung; die Gesellschaft braucht sich um ihr Schicksal nicht weiter zu kümmern, ja um streng zu sein, müßten wir diese Positionen als nicht beliebig verfügbar aus unserem Gedankenexperiment ausschließen. Anders steht es mit den erworbenen Positionen. Daß dem Einzelnen hier ein Spielraum der Wahl bleibt, heißt nicht, daß nur die Wahl des Einzelnen darüber entscheidet, wer welche Position erwirbt. Nicht jeder kann »Ministerpräsident«, »General-

---

[42] Die Unterscheidung zugeschriebener und erworbener Positionen ist wohl zuerst von *R. Linton* in seinem Buch "The Study of Man" (New York 1936), S. 115, eingeführt worden: "Ascribed statuses are those which are assigned to individuals without reference to their innate differences or abilities. They can be predicted and trained for from the moment of birth. The achieved statuses are, as a minimum, those requiring special qualities, although they are not necessarily limited to these. They are not assigned to individuals from birth, but are left open to be filled through competition and individual effort." Abgesehen von dem Terminus »Status« (wozu vgl. unten Abschnitt VII) enthält diese Bestimmung auch sonst manche Unklarheiten, die erst in jüngerer Zeit in dem im Text angedeuteten Sinne bereinigt worden sind.

direktor« oder selbst »Schatzmeister des 1. F. C. X-Stadt« werden. In industriellen Gesellschaften wird typisch das Erziehungssystem zum entscheidenden sozialen Mechanismus der Zuordnung erworbener Positionen, zumindest insoweit diese in einem weiten Sinn als Berufe ansprechbar sind. In Schulen, Hochschulen und Universitäten wird die Wahl des Einzelnen mit dem Bedürfnis der Gesellschaft an Hand des Maßstabes der Leistung abgestimmt; das Zeugnis oder Diplom der Erziehungsinstitutionen verbindet beide zu einem Berechtigungsnachweis für erworbene Positionen. Auch innerhalb sozialer Organisationen herrscht das Prinzip der Leistung (Aktivität, Erfolg) als Zuordnungskriterium für Positionen, obwohl an die Stelle des Schuldiploms hier andere Mechanismen der Leistungsbewertung treten [43]. Institutionelle Kontrollen dieser Art machen die Zuordnung von Positionen für den Einzelnen zu einem Prozeß sich ständig verringernder Möglichkeiten und führen weitere Konstanten in unser mathematisches Experiment ein. Schon die zugeschriebene Position »Mann« begrenzt die Summe aller weiteren möglichen Positionen; »Erwachsener«, »Akademiker« und »Bewohner der Mittelstadt X« sind weitere Beschränkungen, die den Horizont persönlicher Entscheidung für Herrn Schmidt schließlich so weit einengen, daß ihm nur eine überschaubare Zahl von Positionen noch offensteht. Auch hier ist es nur ein Schritt von der Erfahrung der Gesellschaft als Stütze und Quelle der Sicherheit zu ihrem Erlebnis als Hemmschuh und Ärgernis.

Soziale Positionen sind ohnehin ein Danaergeschenk der Gesellschaft an den Einzelnen. Auch wenn er sie nicht mit eigener Kraft erworben hat, sondern sie ihm ungefragt zugeschrieben werden, verlangen sie von ihm eine Leistung; denn jeder sozialen Position haftet eine Rolle an, ein Satz von Erwartungen an das Verhalten ihres Trägers, der von den Bezugsgruppen seines Feldes sanktioniert wird. Bevor der Einzelne aber seine Rollen spielen kann, muß er sie kennen; wie der Schauspieler muß auch das gesellschaftliche Wesen Mensch seine Rollen lernen, sich mit ihrem Inhalt und ihren Sank-

---

[43] Vgl. hierzu *H. Schelsky:* Schule und Erziehung in der industriellen Gesellschaft (Würzburg 1957); *R. Dahrendorf:* Die soziale Funktion der Erziehung in der industriellen Gesellschaft, in: Speculum – Saarländische Studentenzeitschrift I/7 (1956).

tionen vertraut machen. Hier begegnen wir einem zweiten Grundmechanismus der Gesellschaft, dem Prozeß der Sozialisierung durch Verinnerlichung von Verhaltensmustern. Erst indem der Einzelne die außer ihm bestehenden Vorschriften der Gesellschaft in sich hineinnimmt und zu einem Bestimmungsgrund seines Verhaltens macht, wird er mit der Gesellschaft vermittelt und als *homo sociologicus* zum zweiten Male geboren. Positionszuordnung und Rollenverinnerlichung sind komplementäre Prozesse, mit deren Sicherung die industrielle Gesellschaft nicht zufällig vornehmlich einen einzigen institutionellen Bereich – den des Erziehungssystems – beauftragt hat. Allerdings wird das Erziehungssystem auch in modernen Gesellschaften noch von der Familie, der Kirche und anderen Organisationen in seinen Aufgaben der Zuordnung und Sozialisierung untersützt [44].

Die beiden Begriffe, die gemeinhin für den Prozeß der Vermittlung des aller Gesellschaftlichkeit entkleideten Einzelnen und der aller Individualität baren Gesellschaft verwendet werden – Sozialisierung *(socialization)* und Verinnerlichung *(internalization)* – verraten den Ort dieses Prozesses am Schnittpunkt von Einzelnem und Gesellschaft, damit den Ort der Kategorie der Rolle auf der Grenzlinie von Soziologie und Psychologie [45]. Vom Standpunkt der Gesellschaft und der Soziologie ist das Lernen von Rollenerwartungen ein Vorgang, der den Menschen, indem er ihn zum *homo sociologicus* entfremdet, ihr überhaupt erst zugänglich macht und Bedeutung verschafft. Der rollenlose Mensch ist für Gesellschaft und So-

---

[44] Unter den zahlreichen Studien zum Thema der Sozialisierung ist soziologisch am bedeutendsten das Werk von *T. Parsons* und anderen: Family, Socialization and Interaction Process (Glencoe–London 1956).

[45] Die Mittlerstellung des Rollenbegriffes zwischen Psychologie und Soziologie wird in den meisten Erörterungen von Rollen hervorgehoben und ist in der Tat ein wichtiges Merkmal dieser Kategorie. Die Gelenkfunktion der Kategorie der Rolle läßt sich an Hand einer Bemerkung von *B. Russel* in seinem Buch "Human Knowledge" (London 1948), S. 269, verdeutlichen: "Every account of structure is relative to certain units which are, for the time being, treated as if they were devoid of structure, but it must never be assumed that these units will not, in another context, have a structure which it is important to recognize." Für den Soziologen sind Rollen irreduzible Elemente der Analyse; der Psychologe aber betrachtet gewissermaßen ihre innere, dem Individuum zugekehrte Seite und löst sie auf. Eine systematische Abgrenzung der Gegenstände dieser Disziplinen an Hand des Rollenbegriffes wäre denkbar.

ziologie ein nicht existierendes Wesen. Um Teil der Gesellschaft und Objekt soziologischer Analyse zu werden, muß der »reine« Mensch vergesellschaftet, an die Tatsache der Gesellschaft gekettet und dadurch zu ihrem Glied gemacht werden. Durch Beobachtung, Nachahmung, Indoktrination und bewußtes Lernen muß er in die Formen hineinwachsen, die die Gesellschaft für ihn als Träger seiner Positionen bereithält. Seine Eltern, Freunde, Lehrer, Priester und Vorgesetzten sind der Gesellschaft vorwiegend als Agenten wichtig, die der sozialen *tabula rasa* des rollenlosen Menschen den Plan seines Lebens in Gesellschaft einritzen. In dem Interesse der Gesellschaft an Familie, Schule und Kirche bekundet sich keineswegs nur der Wunsch, dem Einzelnen zur vollen Entfaltung seiner individuellen Anlagen zu verhelfen, sondern vor allem auch die Absicht, ihn auf die Aufgaben, deren Erfüllung die Gesellschaft von ihm erwartet, effektiv und kostensparend vorzubereiten.

Für Gesellschaft und Soziologie ist der Prozeß der Sozialisierung stets ein Prozeß der Entpersönlichung, in dem die absolute Individualität und Freiheit des Einzelnen in der Kontrolle und Allgemeinheit sozialer Rollen aufgehoben wird. Der zum *homo sociologicus* gewordene Mensch ist den Gesetzen der Gesellschaft und den Hypothesen der Soziologie schutzlos ausgeliefert; dennoch kann nur Robinson hoffen, seine entfremdete Wiedergeburt als *homo sociologicus* zu verhindern.

Für den Einzelnen und für die Psychologie hat derselbe Prozeß ein anderes Gesicht. Aus dieser Perspektive gibt der Einzelne sich nicht an ein Fremdes fort, wird er nicht vergesellschaftet; vielmehr nimmt er außer ihm Bestehendes in sich hinein, verinnerlicht es und macht es zum Teil seiner je individuellen Persönlichkeit. Indem wir soziale Rollen zu spielen lernen, verlieren wir uns an die Tatsächlichkeit einer Welt, die wir nicht geschaffen haben, und gewinnen uns zugleich als je einzigartige Persönlichkeiten, die am Ärgernis der Welt gestaltet werden. Zumindest für die Psychologie der Persönlichkeit ist die Verinnerlichung von Rollenerwartungen einer der wesentlichen formativen Prozesse des menschlichen Lebens. Sie stellt, wie wir aus vielen neueren Forschungen wissen, einen Vorgang dar, der sich zu gleicher Zeit auf vielen Ebenen der Persönlichkeit auswirkt. Die Rollenerwartungen, die zu lernen unsere Gesellschaft uns auferlegt, können unser Wissen vermehren; sie können uns aber auch zu Verdrängungen zwingen, in Konflikte führen und damit im tiefsten berühren. Das sozial wichtigste Begleitphänomen der Verinnerlichung sozialer Rollen ist die parallele Individualisierung der Sanktionen, die als Gesetz und Sitte unser Verhalten kontrollieren. Seit Freud hat die Theorie einigen Status, daß das Gewissen als »Über-Ich« das in den Einzelnen hineingenommene Gericht der Gesellschaft und ihrer Bezugsgruppen ist, daß die warnende und richtende Stimme der Gesellschaft also durch uns selbst unser Verhalten zu sanktionieren vermag. Zumindest für einige Rollen und Rollenerwartungen dürfen wir annehmen, daß es äußerer Instanzen nicht bedarf, um uns an die Verbindlichkeit sozialer Satzungen zu gemahnen. Die Tatsache sollte nicht leichtfertig als Gemeinplatz beiseite geschoben werden, daß die Gesellschaft unser Verhalten durch unser eigenes Gewissen auch dann noch richten kann, wenn es uns gelingt, Gesetz und Gerichte zu täuschen.

Jenseits aller Psychologie und Soziologie wird das Ärgernis der Gesellschaft für den Einzelnen damit zu einer Frage des Spielraums, den das Auge der selbst sein Innerstes durchdringenden Gesellschaft ihm läßt bzw. den er sich zu schaffen vermag. In ihrem erschrekkendsten Aspekt ist die Welt des *homo sociologicus* eine »Brave New World« oder ein »1984«, worin alles menschliche Verhalten berechenbar, verläßlich und ständiger Kontrolle unterworfen ist. Obwohl wir indes Herrn Schmidt von dem Rollenspieler Schmidt kaum zu trennen vermögen, lassen ihm seine sämtlichen Rollen doch einen wesentlichen Rest, der sich der Berechnung und Kontrolle entzieht. Es ist nicht leicht, vom Verhalten des Einzelnen her seinen möglichen Spielraum abzugrenzen. Doch scheint es, als sei für den Menschen außer dem freien Bereich, den jede Rolle ihrem Spieler läßt, auch der durch verbindliche Erwartungen geregelte Verhaltensbereich weniger determiniert als eingegrenzt. Rollenerwartungen sind nur in seltenen Fällen definitive Vorschriften; in den meisten Fällen erscheinen sie eher als Sektor erlaubter Abweichungen. Insbesondere bei Erwartungen, an die sich vorwiegend negative Sanktionen knüpfen, ist unser Verhalten nur privativ bestimmt; wir dürfen gewisse Dinge nicht tun, aber solange wir diese vermeiden, sind wir in unserem Verhalten frei. Überdies impliziert das entfremdete Verhältnis des Einzelnen und der Gesellschaft, daß er zugleich Gesellschaft ist und nicht ist, daß die Gesellschaft seine Persönlichkeit prägt und diese doch ihrerseits die Möglichkeit hat, die Gesellschaft mitzuprägen. Rollenerwartungen und Sanktionen sind nicht unveränderlich für alle Zeiten fixiert; vielmehr unterliegen sie wie alles Gesellschaftliche ständigem Wandel, und das tatsächliche Verhalten und die Meinungen des Einzelnen befördern diesen Wandel. Sosehr indes solche Überlegungen dem Paradox von *homo sociologicus* und dem ganzen Menschen an einigen Punkten die Schärfe und Bedrohlichkeit nehmen mögen, sowenig können wir hoffen, durch Qualifizierung des *homo sociologicus* seine bedrängende Unvereinbarkeit mit dem ganzen Menschen unserer Erfahrung aus der Welt zu schaffen.

VII

Nur in einem bedeutungslos allgemeinen Sinn ließe die These sich rechtfertigen, daß *homo sociologicus* in seiner hier skizzierten Gestalt allen theoretischen und empirischen Forschungen der heutigen Soziologie zugrunde liegt. Eine gewisse terminologische und sachliche Konvergenz im Hinblick auf die Kategorien der sozialen Position und Rolle ist zwar unverkennbar; doch ist sie weniger erstaunlich als die Divergenzen, die die Terminologie und Konzeption vieler Soziologen noch heute aufweisen, wenn es um die Elemente soziologischer Analyse geht. Man braucht nur beliebige Nummern soziologischer Zeitschriften durchzublättern, um sich von diesem Tatbestand zu überzeugen. Aus gutem Grund haben wir die Diskussion früherer Versuche, den Menschen der Soziologie zu beschreiben, bislang zurückgestellt. Von der nunmehr erreichten Position jedoch scheint es möglich, die jüngere Geschichte der Kategorie der sozialen Rolle nicht nur – wie dies zumeist geschieht [46] – zu refe-

---

[46] Referate der Literatur zum Rollenbegriff sind in den letzten Jahren in regelmäßigen Abständen veröffentlicht worden; vgl. *L. J. Neimann* und *J. W. Hughes:* The Problem of the Concept of Role – A Re-Survey of the Literature, in: Social Forces XXX (1951); *Th. R. Sarbin:* Role Theory, in: G. Lindzev, Hg., Handbook of Social Psychology, Bd. I (Cambridge, Mass. 1954); *N. Gross* u. a.: a.a.O., Kap. II.

rieren und mit einem überlegenen Lächeln als widersprüchlich zu bezeichnen, sondern die Widersprüche dieser Geschichte durch kritische Entschlüsse aufzulösen. Dabei werden wir uns auf einige wenige Hauptaspekte und Hauptakteure des Begriffsstreites beschränken, also für die behandelten Probleme und Positionen zwar Repräsentativität, nicht aber Vollständigkeit beanspruchen.

Die terminologisch scharfe Verwendung der hier in Frage stehenden Elementarkategorien läßt sich zurückverfolgen zu Ralph Lintons Erörterung der Begriffe »Status and Role« in seinem 1936 zuerst erschienenen Buch »The Study of Man«. In nahezu allen späteren Versuchen der Abgrenzung tauchen Lintons Definitionen wieder auf, und obwohl ihr Autor selbst sie in jüngerer Zeit – absichtlich oder unabsichtlich – modifiziert hat [47], scheint es sinnvoll, von diesen Urdefinitionen auszugehen. Linton spricht zunächst vom »Status«, also dem, was wir hier »Position« genannt haben: "A status, in the abstract, is a position in a particular pattern." [48] Die Definition ist vager als unsere, aber der Sache nach verwandt; doch fügt Linton ihr wenig später ein neues Element hinzu: "A status, as distinct from the individual who may occupy it, is simply a collection of rights and duties." [49] Linton gebraucht hier das einprägsame und vielzitierte Bild des Fahrersitzes in einem Auto mit Lenkrad, Gangschaltung, Gashebel, Bremse und Kupplung, der als Konstante mit stets gegenwärtigen Möglichkeiten dem individuellen Fahrer vorgegeben ist. Wie läßt sich demgegenüber die Rolle bestimmen? "A role represents the dynamic aspect of a status. The individual is socially assigned to a status and occupies it with relation to other statuses. When he puts the rights and duties which constitute the status into effect, he is performing a role. Role and status are quite inseparable, and the distinction between them is of only academic interest." [50]

Es gibt wahrscheinlich wenige Aussagen von Soziologen, die so oft zitiert worden sind wie diese Sätze, und doch lassen alle Unklarheiten der Kategorien »Rolle« und »Status« oder »Position« sich

---

[47] Für die Wandlungen in Lintons eigener Definition, vgl. *N. Gross* u. a.: a.a.O., S. 12 f. S. auch unten Anm. 69.
[48] *R. Linton:* a.a.O.; S. 113.
[49] *R. Linton:* a.a.O.; S. 113.
[50] *R. Linton:* a.a.O.; S. 114.

an dieser ihrer klassischen Definition aufweisen. Die erste Unklarheit, die schon hier hervortritt, ist terminologischer Natur. Die Frage ist zu klären, welche Termini für die Bezeichnung der beiden Elementarkategorien adäquat und relativ unmißverständlich sind. Wie alle terminologischen Fragen ist auch diese sachlich von nur mäßigem Gewicht. Wichtiger erscheint die zweite Unklarheit der Abgrenzung der beiden Elementarkategorien (mit der von Linton in seiner letzten Bemerkung angedeuteten Vorfrage, ob überhaupt zwei Kategorien erforderlich sind). Wenn schon »Status« eine »Kollektion von Rechten und Pflichten« bezeichnet – was bleibt dann für die »Rolle«? Besteht ein sachlich gerechtfertigter, formulierbarer Unterschied zwischen dem »statischen« und dem »dynamischen« Aspekt des Ortes in einem sozialen Beziehungsfeld [51]? Diese Fragen führen folgerichtig weiter zu einer dritten Unklarheit in Lintons und den meisten späteren Definitionen, die uns schon früher beschäftigte und besonderer Aufmerksamkeit bedarf: Sind »Rollen« das, was der Einzelne mit den ihm von der Gesellschaft vorgegebenen Formen tut, oder sind sie selbst ebensosehr »Gesellschaft« wie »Einzelner«? Sind sie objektive, vom Einzelnen ablösbare, oder subjektive, dem Einzelnen untrennbar eigene Gegebenheiten?

Diese letzte Unklarheit wirft die wichtigsten Probleme auf, deren Dringlichkeit der Blick auf einen Zweig der Bedeutungsentwicklung der Kategorie der Rolle zu unterstreichen vermag. Linton selbst scheint unter »Rollen« nicht Komplexe erwarteter Verhaltensweisen (die er vielmehr als »Rechte und Pflichten« dem Status zuschreibt), sondern das tatsächliche Verhalten des Einzelnen angesichts solcher Erwartungen zu verstehen. Damit wird aber die »Rolle« von einer quasi-objektiven, im Prinzip ohne Befragung von Individuen ermittelbaren soziologischen Elementarkategorie zu einer Variablen der sozialpsychologischen Analyse. Wie Studienrat Schmidt sich tatsächlich zu seinen Schülern oder Vorgesetzten ver-

---

[51] »Statisch« und »dynamisch« sind Ausdrücke, die Soziologen oft und gern gebrauchen; doch haben sie nur selten einen unmißverständlichen Sinn. Im gegenwärtigen Zusammenhang sind sie meines Erachtens völlig fehl am Platze. Inwiefern ist mein Recht »statischer« als mein Handeln? Inwiefern meine Position »statischer« als mein Recht? Leider hat – wie einige der folgenden Zitate zeigen – Lintons Unterscheidung »statischer« Positionen und »dynamischer« Rollen sich mit seiner Definition eine Generation lang fortgeerbt.

hält, ist zwar keineswegs ohne soziales Interesse, gibt uns aber weniger über die Tatsache der Gesellschaft als über die Persönlichkeit von Herrn Schmidt Aufschluß. Dieser Abweg ist bei Linton nur angedeutet. Seine Konsequenz wird jedoch ganz offenbar bei K. Davis, wenn er sagt: "How an individual actually performs in a given position, as distinct from how he is supposed to perform, we call his role. The role, then, is the manner in which a person actually carries out the requirements of his position. It is the dynamic aspect of status or office and as such is always influenced by factors other than the stipulations of the position itself." [52] Hier wird die Kategorie der Rolle schon fast bewußt aus dem Schnittbereich des Einzelnen und der Gesellschaft herausgenommen und dem Sozialpsychologen überantwortet. Sie bezeichnet gerade das nicht mehr, was wir als für sie konstitutiv erachtet haben, nämlich Verhaltenserwartungen. Ganz ähnlich finden wir bei H. H. Gerth und C. W. Mills: "More technically, the concept of 'role' refers to (1) units of conduct which by their recurrence stand out as regularities and (2) which are oriented to the conduct of other actors." [53] Wenn Soziologen so definieren, kann man es den Sozialpsychologen schwerlich verübeln, daß sie mit Murray »individuelle« von »sozialen Rollen« unterscheiden [54] oder mit Hofstätter formulieren: »Als eine Rolle kann man eine in sich zusammenhängende Verhaltenssequenz definieren, die auf die Verhaltenssequenzen anderer Personen abgestimmt ist.« [55] (Wobei Hofstätter, wenn er gleich darauf von der »Abhebbarkeit der Rollen von ihrem jeweiligen Träger« spricht, noch soziologischer ist als die zitierten Soziologen.) Das regelmäßige Verhalten von Individuen zu anderen Individuen gewinnt soziologische Bedeutung, insofern es sich als Verhalten zu vorgeformten Mustern verstehen läßt, also in der Spiegelung jener nicht-individuellen Tatsachen erscheint, die wir im Gegensatz zu Linton, Davis, Gerth und Mills und vielen Sozialpsychologen soziale Rollen genannt haben.

---

[52] *K. Davis:* Human Sociey (New York 1948); S. 89/90.
[53] *H. H. Gerth* und *C. W. Mills:* Character and Social Structure (London 1954); S. 10.
[54] *H. A. Murray* in T. Parsons und E. A. Shils (Hrsg.): Toward a General Theory of Action (Cambridge Mass. 1951); S. 450 f.
[55] *P. R. Hofstätter:* Sozialpsychologie (Berlin 1956); S. 36.

Psychologisierende Definitionen bezeichnen, wie gesagt, einen Zweig der Bedeutungsentwicklung der Kategorie der Rolle. Neben diesem – und erstaunlicherweise ohne je mit ihm in offenen Konflikt zu treten – verläuft eine andere, sehr viel sinnvollere Bedeutungsgeschichte. Das Fehlen eines Konfliktes mit psychologisierenden Rollendefinitionen ist besonders erstaunlich bei G. Homans und T. Parsons, die sich beide ausdrücklich auf Lintons Definition berufen, um ihrerseits zumindest sehr viel eindeutiger, wenn nicht ersichtlich anders zu formulieren: "A norm that states the expected relationship of a person in a certain position to others he comes into contact with is often called the role of this person" (Homans [56]). "The role is that organized sector of an actor's orientation which constitutes and defines his participation in an interactive process. It involves a set of complementary expectations concerning his own actions and those of others with whom he interacts" (Parsons u. a. [57]). Wenn Bennett und Tumin unter Rollen "the expected behavior which goes along with the occupancy of a status" verstehen [58] oder Merton von "structurally defined expectations assigned to each role" spricht [59], so liegt diesen Umschreibungen ebenfalls der objektivierte, soziologische Gedanke von Komplexen erwartbarer, nicht tatsächlicher Regelmäßigkeiten des Verhaltens zugrunde.

Zwei unvereinbare Rollenbegriffe stehen einander gegenüber und verlangen nach einer Entscheidung. Für den einen ist das tatsächliche, regelmäßige Verhalten von Vater Schmidt seine Vaterrolle, für den anderen liegt diese in den Normen, die die Gesellschaft, in der Herr Schmidt lebt, für das Verhalten von Vätern generell kennt und fixiert hat. T. H. Marshall hat das Dilemma dieser Begriffsdoppelung gesehen [60]. Der Ausweg, den er empfiehlt, führt uns zu einer dritten Entwicklungslinie der Begriffsbildung. Marshall möchte die

[56] *G. Homans:* The Human Group (London 1951); S. 124.
[57] *T. Parsons* und *E. A. Shils* (Hrsg.): a.a.O.; S. 23. Die zitierte Definition findet sich in dem von allen Autoren des Sammelbandes unterzeichneten einleitenden »General Statement«.
[58] *J. W. Bennet* und *M. M. Tumin:* Social Life – Structure and Function (New York 1952); S. 96.
[59] *R. K. Merton:* Social Theory and Social Structure (Glencoe ¹1949); S. 110.
[60] *T. H. Marshall:* A Note on Status, in: K. M. Kapadia (Hrsg.), Professor Ghurye Felicitation Volume (Bombay 1954).

Kategorie der Rolle ganz den Sozialpsychologen zu beliebiger Verwendung überlassen, dafür jedoch die des Status in aller Klarheit von psychologischen Elementen »säubern« und soziologischer Analyse zugrunde legen. Zu diesem Zweck definiert er: "Status emphasizes the position, as conceived by the group or society that sustains it... Status emphasizes the fact that expectations (of a normative kind) exist in the relevant social groups." [61] Zur Stützung seines Entschlusses verweist Marshall auf die juristische Definition von »Status« (bzw. auch »Stand«) als "condition of belonging to a particular class of persons to whom the law assigns peculiar legal capacities or incapacities, or both" [62]. Ähnlich knüpft auch Nadel an den juristischen Statusbegriff an: "By status I shall mean the rights and obligations of any individual relative both to those of others and to the scale of worthwhileness valid in the group." [63] Diesem Statusbegriff stellt Nadel allerdings im Gegensatz zu Marshall und im Anschluß an Radcliffe-Brown einen Parallelbegriff gegenüber, der wiederum aus der uns schon bekannten Sphäre stammt: den Begriff der »Person« [64]. Als letztes Beispiel für den Versuch der Lösung des terminologischen Dilemmas durch Ausweitung des Statusbegriffs sei noch auf Ch. I. Barnards Definition verwiesen: "By 'status' of an individual... we mean... that condition of the individual that is defined by a statement of

[61] *T. H. Marshall:* a.a.O.; S. 13.
[62] *T. H. Marshall:* a.a.O.; S. 15. Marshall zitiert hier C. K. Allen.
[63] *S. F. Nadel:* The Foundations of Social Anthropology (London 1951); S. 171.
[64] Vgl. *A. R. Radcliffe-Brown:* Structure and Function in Primitive Society (London 1952); S. 9/10: "The components or units of social structure are persons, and a person is a human being considered not as an organism but as occupying position in a social structure." S. 11: "Within an organization each person may be said to have a role..." *S. F. Nadel:* a.a.O.; S. 93: "We might here speak of different 'aspects' of a person, or of different 'roles' assumed by it, or simply of different 'persons'. Though this is a question of words, the last-named usage seems to me the most consistent as well as convenient one. Understood in this sense, the person is more than the individual; it is the individual with certain recognized, or institutionalized, tasks and relationships, and is all the individuals who act in this way." In einer Fußnote zu dieser Bemerkung verweist Nadel auf den Zusammenhang der Begriffe »Person« und »Status« in der Sprache des Juristen. Doch zeigt seine wie Radcliffe-Browns Formulierung, daß die Kategorie der »Person« zu umfassend ist, um die der »Position« oder »Rolle« zu ersetzen; beider Begriff der »Person« entspricht eher dem *homo sociologicus* unserer Terminologie.

his rights, privileges, immunities, duties, obligations ... and, obversely, by a statement of the restrictions, limitations, and prohibitions governing his behavior, both determining the expectations of others in reference thereto." [65]

So verwirrend die Fülle der Definitionen scheinen mag, so deutlich ist andererseits in den meisten von ihnen ein gemeinsamer Kern, der jenseits terminologischer Unterschiede liegt und unsere Annahme bestätigt, daß die wissenschaftliche Untersuchung des Menschen in Gesellschaft einer Elementarkategorie von der Art derer der sozialen Rolle bedarf, die den Schnittpunkt der Tatsachen des Einzelnen und der Gesellschaft bezeichnet. Alle zitierten Autoren sind sich einig in der Annahme einer Elementarkategorie soziologischer Analyse, die durch Komplexe erwarteter Verhaltensmuster (»Rechte und Pflichten«) definiert ist. Abgesehen von der kontinental-europäischen Soziologie, die auch in dieser Hinsicht dem Provinzialismus ihrer zwar älteren, aber überholten Traditionen noch verhaftet ist [66], bestehen in dieser Frage kaum noch Meinungsverschiedenheiten.

Die Mehrzahl der zitierten Autoren schlägt ein Kategorienpaar vor, das zumeist im Anschluß an Linton durch die Termini »Status« und »Rolle«, aber auch durch die »Position« oder »Amt« und »Rolle« (Homans, Davis) bzw. »Status« und »Person« (Nadel) bezeichnet wird. Es läßt sich argumentieren, daß auch diejenigen Autoren, die nur den Terminus »Status« verwenden möchten, im Grunde eine Doppelkategorie kennen. Marshalls Definition des Status als Position und als Komplex normativer Erwartungen schreibt einem Begriff zwei durchaus unzusammengehörige Elemente zu und dokumentiert zumindest die Möglichkeit, wenn nicht die Notwendigkeit einer Unterscheidung der Stellung in einem sozialen Beziehungsfeld

---

[65] *Ch. I. Barnard:* The Functions and Pathology of Status Systems in Formal Organizations, in: W. F. Whyte (Hrsg.), Industry and Society (New York 1946); S. 47/48.

[66] Natürlich gibt es auf dem europäischen Kontinent Ausnahmen von dieser Regel; doch dürfte selbst unter diesen kaum ein Forscher zu finden sein, der sich produktiv an der gegenwärtigen theoretischen Diskussion der englischen und amerikanischen Soziologie beteiligen könnte. Man hat zuweilen den Eindruck, als sei die europäische Soziologie hinter den Stand ihres »Heroenzeitalters« zurückgefallen (und als hätten die »Heroen« – E. Durkheim, V. Pareto, M. Weber – die angelsächsische Forschung mehr als die europäische geprägt).

von den Erwartungen, die sich an die Trägerschaft dieser Stellung knüpfen. Gleichgültig darum, welche Termini sich am angemessensten erweisen mögen, legen die zitierten Definitionen es nahe, nicht nach einem einzigen, sondern nach einem Doppelbegriff zu suchen. Zwei Definitionselemente lassen sich bei allen zitierten Autoren aufweisen: der Hinweis auf »Plätze«, »Stellungen« oder »Positionen« in gewissen sozialen Beziehungsfeldern und die Betonung gewisser mit diesen Positionen verknüpfter »Rechte und Pflichten« oder Verhaltenserwartungen von normativer Art. Daneben taucht in einigen Definitionen ein psychologisches Element auf, nämlich das tatsächliche Verhalten der individuellen Träger von Positionen. Nun ist es in der Tat eine der Aufgaben der soziologischen Elementarkategorien, "to provide the link between the structural study of social systems and the psychological study of personality and motivation" (Marshall [67]), aber gerade diese Bindeglied-Funktion macht es erforderlich, daß wir mit äußerster Wachsamkeit die Zwischenstellung der in Frage stehenden Kategorien festhalten. Von dem, was der Einzelne tut oder selbst regelmäßig tut, führt kein Weg zu der prinzipiell unabhängig vom Einzelnen bestehenden Tatsache der Gesellschaft. Die Summe und der Durchschnitt des Handelns von Einzelnen vermögen ebensowenig wie ein durch Befragung ermittelter Consensus die Wirklichkeit von Gesetz und Sitte zu erklären. Gesellschaft ist eine Tatsache, eine ärgerliche zudem, gerade weil sie weder durch unsere plötzlichen Eingebungen noch durch unsere Gewohnheiten geschaffen wird. Ich kann gegen das Gesetz meiner Bezugsgruppen verstoßen, und ich kann mit liebgewordenen Gewohnheiten brechen; diese beiden Arten des Handelns aber sind wesentlich inkommensurabel. Während die erstere mich mit der außer mir bestehenden Tatsache der Gesellschaft in spürbaren Konflikt bringt, involviert die letztere nur mich selbst. Das Verhalten von *homo sociologicus,* dem Menschen im Schnittpunkt von Einzelnem und Gesellschaft, darf eben nicht – wie Davis für den Gedanken des faktischen Verhaltens richtig feststellt, ohne die darin begründete soziologische Wertlosigkeit seines Rollenbegriffes zu erkennen – »durch andere Faktoren als die mit der Position gegebenen« bestimmt sein. Individuell variable Verhaltensweisen cha-

---

[67] *T. H. Marshall:* a.a.O.; S. 11.

rakterisieren zwar den Menschen unserer täglichen Erfahrung, nicht aber *homo sociologicus*.

Wenn wir jedes psychologische Element aus den zitierten Definitionen ausschalten, finden wir uns in der soziologischen Literatur vor folgendem Sachverhalt: Einige Autoren konzentrieren beide Definitionselemente, das des Ortes in einem Beziehungsfeld und das der an diesen Ort sich knüpfenden Erwartungen, auf einen Terminus, insbesondere auf den »Status«. Wie schon bei Linton, oszilliert damit der Terminus »Status« zwischen der Bezeichnung von Positionen und der von normativen Verhaltenserwartungen. Andere Autoren trennen diese beiden Aspekte und verteilen sie auf zwei Termini. (Am Rande ist dabei der interessante Tatbestand zu notieren, daß bei diesen Autoren häufig eine Neigung erkennbar ist, beide Elemente auf den Terminus »Rolle« zu konzentrieren. So spricht T. Parsons zwar in seinen Schriften bis 1951 von »Status-Rolle-Bündel«, seither aber vorwiegend von »Rollen«.) In dieser Reduktion wird der seit langem andauernde Begriffsstreit weitgehend zu einer terminologischen Frage, also einer Frage der Willkür, in der Nützlichkeitserwägungen den Ausschlag geben. Ein einfacher kritischer Entschluß versetzt uns in die Lage, das Gewirr von Definitionen und Gegendefinitionen aufzulösen, ohne den sachlichen Intentionen der streitenden Parteien Gewalt anzutun.

Glücklicherweise hat die soziologische Diskussion heute an einen Punkt geführt, an dem die terminologische Bereinigung nur mehr ein kleiner Schritt in eine schon vorgezeichnete Richtung ist. Was zunächst den Terminus für Orte in sozialen Beziehungsfeldern angeht, so konkurrieren hier »Status« und »Position« um Anerkennung. Doch setzt die Auffassung sich immer mehr durch, daß der Terminus »Status« hier in mehrfacher Hinsicht unglücklich ist. Er findet am häufigsten Verwendung für eine bestimmte Art von Position, nämlich die Position in einer hierarchischen Skala des sozialen Prestiges. Dies ist eine von der hier in Frage stehenden entschieden abweichende Bedeutung [68], und jede Möglichkeit einer Verwechs-

---

[68] »Sozialer Status« in diesem heute auch im deutschen Sprachbereich anerkannten Sinne (vgl. *H. Kluth*: Sozialer Status und Sozialprestige, Stuttgart 1957) bezeichnet nämlich genaugenommen nicht nur eine spezielle Art von Positionen, sondern eine Position von Positionen. Nicht ein Mensch, sondern eine Position (z. B. ein Beruf) hat Prestige und in diesem Sinne einen »Status«. Dieser in

lung sollte ausgeschaltet werden. Die juristische Bedeutung des Statusbegriffs andererseits besagt mehr als nur die Stellung in einem Netz von Bezügen; hier schließt der Begriff gewisse Rechte und Pflichten ein, die wir vom Begriff der Position gerade absondern wollten. Als neutraler, sonst »unbelasteter« Terminus empfiehlt sich daher »Position«, in dessen Verwendung wir hier dem kürzlich erschienenen Werk von N. Gross gefolgt sind [69].

Im Falle der »Rolle« besteht über den Terminus wenig Meinungsverschiedenheit; doch legen Sozialpsychologen und Soziologen ihm, wie wir gesehen haben, verschiedene Bedeutung bei. Wenn keine der beiden Disziplinen bereit ist, auf den Begriff zu verzichten, dann läßt eine endgültige Lösung sich in naher Zukunft schwerlich erhoffen. Indes hat es den Anschein, als beruhte die Divergenz der Definitionen vor allem darauf, daß es Sozialpsychologen zwar gelungen ist, den Gedanken habituellen Verhaltens von Einzelnen präzise zu fassen, Soziologen aber noch immer nicht mit der nötigen Schärfe ihren Begriff erwarteten Verhaltens zu formulieren vermochten. Sobald diesem Mangel abgeholfen ist, haben – so scheint mir –

vielen Zusammenhängen wichtige Sinn des Begriffes »Status« ist also klar zu unterscheiden von dem sehr viel neutraleren Positionsbegriff unserer Überlegungen.

[69] *R. Linton* hat sich mit mir allerdings unverständlichen Argumenten gegen diese Verwendung des Terminus »Position« ausgesprochen. Sein Einwand sei hier im Zusammenhang zitiert, weil er zugleich Lintons eigene Entwicklung im Hinblick auf die hier in Frage stehenden Elementarkategorien zu illustrieren vermag. Vgl. *R. Linton:* Role and Status, in: T. H. Newcomb und E. L. Hartley (Hrsg.), Readings in Social Psychology (New York 1947); S. 368: "The place in a particular system which a certain individual occupies at a particular time will be referred to as his status with respect to that system. The term position has been used by some other students of social structure in much the same sense, but without clear recognition of the time factor or of the existence of simultaneous systems of organization within the society. Status has long been used with reference to the position of an individual in the prestige system of a systems. The second term, role, will be used to designate the sum total of the culture patterns society. In the present usage this is extended to apply to his position in each of the other associated with a particular status. It thus includes the attitudes, values and behavior ascribed by the society to any and all persons occupying this status. It can even be extended to include the legitimate expectations of such persons with respect to the behavior toward them of persons in other statuses within the same system ... In so far as it represents overt behavior, a role is the dynamic aspect of a status: what the individual has to do in order to validate his occupation of the status."

Begriff und Terminus »soziale Rolle« eine echte Chance, in dem in diesem Versuch bezeichneten Sinn in die Sprache der Sozialwissenschaft einzugehen.

Die kritische Durchsicht der Literatur in diesem Abschnitt hat sich durchweg auf einer allgemeineren und vageren Ebene gehalten als die Erörterungen der vorhergehenden Abschnitte. Das entspricht leider dem Stand der soziologischen Diskussion. Erst in den schon erwähnten Arbeiten von N. Gross und Mitarbeitern sowie von R. K. Merton zeichnet sich ein Fortschritt in der Präzisierung der Elementarkategorien soziologischer Analyse ab. Beide Autoren haben mit ihrer Unterscheidung von Rollen und Rollensegmenten bzw. Rollenmengen und Rollen [70] den Weg zur Verknüpfung von Rollentheorie und Bezugsgruppentheorie gebahnt und Möglichkeiten der empirischen Untersuchung sozialer Rollen eröffnet. War *homo sociologicus* bis vor kurzem ein reines Postulat, dessen Nützlichkeit zwar viele vermuteten, aber niemand recht überzeugend aufweisen konnte, so deutet sich heute die Chance an, die Metapher dieses neuen Menschen an empirischen Problemen zu bewähren. Erst damit wird der Mensch als Positionsträger und Rollenspieler vom müßigen Paradox des Gedankens zum bedrängenden Gegenüber des ganzen Menschen der Erfahrung und die entfremdete Wiedergeburt des Menschen im *homo sociologicus* zum unentrinnbaren Problem einer philosophischen Kritik der Soziologie.

VIII

Homo oeconomicus und *psychological man* sind von ihren Urhebern nicht als Philosophien der menschlichen Natur konzipiert worden, wennschon ihre Kritiker ihnen eben diese Implikation zum

---

[70] *Gross* (a.a.O.) spricht von *roles* und *role sectors, Merton* ("The Role-Set", a.a.O.) von *role-sets* und *roles*. Beide zielen auf denselben Sachverhalt, nämlich die Komplexität von Erwartungen, die sich an eine einzelne Position knüpfen. Mir scheint jedoch, daß die Terminologie von Gross, die – in dem Begriff der Rolle – die Einheit solcher Erwartungskomplexe stärker betont, eine größere Chance der Durchsetzung hat (was nicht ausschließt, mit Merton Rollen als *sets* von Erwartungselementen im mathematischen Sinn zu behandeln).

Vorwurf machen. Wir haben uns hier bemüht zu zeigen, daß der Vorwurf nicht ganz so leicht von der Hand zu weisen ist, wie Ökonomen und Psychologen es gerne möchten. Dennoch darf die ursprüngliche Intention der künstlichen Menschen der Sozialwissenschaft bei aller Kritik nicht aus dem Auge verloren werden. *Homo sociologicus* stellt uns vor ein Dilemma, dem wir nur durch die Flucht in Dogmatismen entkommen können; aber dieses Dilemma ist nicht der Sinn und die Absicht der Wiedergeburt des Menschen als rollenspielendem Wesens. Vielmehr erweist sich diese als nützlich, wenn wir der Tatsache der Gesellschaft in Aussagen beizukommen wünschen, deren Geltung sich an Hand wiederholbarer Beobachtungen entscheidet. *Homo sociologicus* ist zunächst und vor allem ein Mittel zum Zweck der Rationalisierung, Erklärung und Kontrolle eines Ausschnittes der Welt, in der wir leben. Solches Vorgehen, der Weg der Wissenschaft, hat seine eigenen moralischen und philosophischen Probleme. Es ist durchaus denkbar, daß der Gewissenskonflikt des Soziologen eines nicht sehr fernen Tages dem des Atomphysikers an Gewichtigkeit nicht nachstehen wird [71]. Doch hat es so wenig Sinn, einen zukünftigen Galilei der Soziologie zur öffentlichen Leugnung seiner Einsichten zu bewegen, wie der Meineid des wirklichen Galilei den Fortschritt der Physik gehindert hat. Obskurantismus und Unterdrückung ist immer das schlechteste Mittel zur Lösung drängender Konflikte. Hier wie überall ist es besser, das Dilemma in voller Schärfe zu exponieren, als ihm davonzulaufen.

In unseren bisherigen Erörterungen war die »empirische« oder besser: die wissenschaftliche Brauchbarkeit des *homo sociologicus,* der sachliche Gewinn seiner Konstruktion, kaum mehr als eine Behauptung, ein Versprechen. Auch dieses Versprechen läßt sich bislang leider nur mit erheblichen Einschränkungen durch den Hinweis auf schon veröffentlichte Forschungen einlösen [72]. Wir haben das Neu-

---

[71] Man denke nur an die gar nicht so fernliegende Möglichkeit, totalitäre Regierungen mit Hilfe soziologischer Einsichten effektiv an der Macht zu erhalten – oder an die schon heute verbreiteten »industriellen Beziehungen«, deren implizites Ziel gewöhnlich die Manipulierung der Arbeiter zum Zweck der Verhinderung von Streiks und Lohnforderungen ist.
[72] So viel der Rollenbegriff von Soziologen diskutiert worden ist, so selten taucht er als ausdrücklicher Bezugspunkt in empirischen Forschungen auf – und wo

land möglicher Anwendungen des Rollenbegriffes schon an mehreren Stellen flüchtig betreten; doch scheint es am Platze, diese Hinweise in einer systematischeren Darstellung der Brauchbarkeit des Rollenbegriffes bei der Analyse bestimmter soziologischer Probleme zusammenzufassen und sie um einige Aspekte zu ergänzen.
Bevor wir daran denken können, bestimmte Probleme der soziologischen Forschung mit Kategorien wie »Position«, »Rolle«, »Bezugsgruppe« und »Sanktion« anzupacken, ist es allerdings nötig, diese Kategorien selbst zu operationeller Schärfe zu entwickeln. Auf Möglichkeiten und Schwierigkeiten der Identifizierung bestimmter sozialer Rollen haben wir oben mehrfach verwiesen. In der Forschung ist hier noch fast alles zu tun. Im Idealfall stünde dem Soziologen gewissermaßen ein »soziologisches System der Elemente« zur Verfügung, d. h. ein Inventar aller bekannten Positionen mit den (zunächst in einer gegebenen Gesellschaft) an ihre Trägerschaft sich knüpfenden Rollenerwartungen und Sanktionen. Tatsächlich haben wir noch nicht einmal ein einziges Element für unser Inventar; die strikte Beschreibung einer sozialen Rolle ist noch nicht versucht worden [73]. Dieses Versäumnis liegt allerdings nicht nur in der Genügsamkeit von Soziologen begründet. Zu seiner Rechtfertigung läßt sich vielmehr vorbringen, daß für die meisten Probleme der Analyse Teilbeschreibungen von Rollen zureichen, und daß darüber hinaus die Beschreibung sozialer Rollen erhebliche methodische und technische Probleme mit sich bringt. Das erste dieser Argumente ist gültig; doch enthebt es uns nicht der Notwendigkeit, Methoden zur Beschreibung sozialer Rollen zu entwickeln; denn auch die Teilbeschreibung setzt, wenn sie verbindlich sein soll, solche Methoden voraus.
Die erste Aufgabe auf dem Weg zur empirischen Identifizierung sozialer Rollen ist klassifikatorischer Art. Hier geht es erstens dar-

---

er auftaucht, wird er oft *ad hoc* definiert. Auch dies beruht wahrscheinlich zumindest z. T. auf den unten angedeuteten technischen Schwierigkeiten, die der empirischen Präzisierung der Kategorien noch im Wege stehen.

[73] *N. Gross* und seine Mitarbeiter haben dies in ihrem mehrfach zitierten Werk für den *school superintendent* natürlich versucht; zumindest lag ihre Absicht in eben diesem Versuch. Doch scheidet ihr Ansatz auf Grund seiner verfehlten Defination von Rollen (durch Meinungsmehrheiten in Bezugsgruppen) hier als Beitrag zur Rollenbeschreibung aus.

um, Gruppen sozialer Positionen auszusondern, in deren jeder der Einzelne typisch eine Position innehat. Wir haben gelegentlich von Familien- und Berufs-, National- und Klassen-, Alters- und Geschlechtspositionen gesprochen und damit eine solche Klassifizierung angedeutet. Selbst wenn es nicht sinnvoll sein sollte, alle bekannten Positionen zu klassifizieren, scheint es doch möglich und gewinnversprechend, durch Abgrenzung der wichtigsten Gruppen sozialer Positionen etwa der Beschreibung der Positionen, die ein Einzelner einnimmt, einen Leitfaden zugrunde zu legen. Zur Klassifizierung von Rollenerwartungen – zweitens – nach ihrer Verbindlichkeit haben wir mit der Unterscheidung von Muß-, Soll- und Kann-Erwartungen einen Anfang gesetzt; doch sind hier noch feinere Abstufungen wünschbar. An Hand der negativen Sanktionen, die das Verhalten in bestimmten Rollen überwachen, wäre es sogar denkbar, hier bis zu quantitativen Unterscheidungen vorzudringen. Eine Skala, die alle möglichen negativen Sanktionen von Zuchthausstrafen bis zur Geringschätzung durch Mitglieder der Bezugsgruppen mit Meßzahlen versieht, könnte dazu dienen, Rollenerwartungen wenigstens unter einem Aspekt durchgehend zu klassifizieren [74].

Die zweite Aufgabe der Beschreibung sozialer Rollen liegt in der Ermittlung der Bezugsgruppen, die den Ort bestimmter sozialer Positionen definieren. Die Frage, ob es für jede Position eine bestimmte und bestimmbare Zahl von Bezugsgruppen gibt, ist in Allgemeinheit schwer zu beantworten. Wahrscheinlich würde es auch hier zureichen, die wichtigsten Bezugsgruppen jeder Position zu identifizieren. Schwieriger als diese Identifizierung, die bei den meisten Positionen aus deren Stellung in organisatorischen oder quasiorganisatorischen Zusammenhängen hervorgeht, ist die Bestimmung des relativen Gewichts der verschiedenen Bezugsgruppen für gegebene Positionen. Wer ist für das Rollenverhalten des Lehrers wichti-

---

[74] Alle Maßstäbe sind ursprünglich willkürlich; so ist nicht einzusehen, warum man nicht versuchen sollte, Sanktionen etwa auf einer Skala von 10 (lange Zuchthausstrafe) bis 1 (Antipathie bei Mitgliedern von Bezugsgruppen) oder 0 (sanktionenfreier Rollenbereich) zu klassifizieren. Solche Meßzahlen könnten etwa auch zur Unterscheidung gewisser Gruppen von Rollen dienen: Nur wenige reichen bis in den Bereich schwerer Sanktionen hinein (Staatsbürger, politische Positionen); diese sind vielleicht gerade darum von besonderer sozialer Bedeutung.

ger – seine Vorgesetzten oder seine Kollegen [75]? Überall dort, wo zwei oder mehr Bezugsgruppen unterschiedliche Erwartungen an eine Position knüpfen, wird diese Frage offenbar entscheidend. Es scheint sinnvoll, sich auch zur Klärung dieser Frage, also zur Herstellung einer Rangordnung von Bezugsgruppen, an der Verbindlichkeit von Rollenerwartungen, d. h. an der Schwere der den Bezugsgruppen zur Verfügung stehenden negativen Sanktionen, zu orientieren.

Die wichtigste und zugleich schwierigste Aufgabe der Rollenbeschreibung liegt in der Identifizierung und Formulierung von Rollenerwartungen und Sanktionen. An dieser Frage sind alle früheren Ansätze zur operationellen Präzisierung des Rollenbegriffs gescheitert. Einen Weg zur Überwindung der Hindernisse, die der Formulierung von Rollenerwartungen im Wege stehen, haben wir bereits angedeutet. Für jede Position gilt es, die auf sie anwendbaren Gesetze sowie die Bestimmungen und Gewohnheiten von Bezugsgruppen zu ermitteln; denn diese sind sämtlich Rollenerwartungen, die sich an diese Position knüpfen. Für die Ermittlung der auf diesem Wege nicht greifbaren Kann-Erwartungen bietet sich darüber hinaus eine Methode an, die sich an vielen sozialpsychologischen Problemen bewährt hat. Es ist möglich, aus dem Aussehen, Sprechen und Verhalten eines Menschen manche seiner sozialen Positionen zu erschließen, ihn gewissermaßen zu placieren. Dieses Spiel läßt sich umkehren. Man könnte beliebige Gruppen [76] von Menschen über das Aussehen und Verhalten befragen, das nach ihrer Meinung von dem Träger einer gegebenen Position erwartet ist. Solche wiederholbaren »Bestimmungsexperimente« [77] würden zumindest Anhaltspunkte für jene Kann-Erwartungen geben, die in keinem Ge-

---

[75] Auch diese Frage ist natürlich als strukturelle Frage zu verstehen, also als Frage nach der institutionalisierten Bedeutung der Bezugsgruppen, nicht nach den persönlichen Vorstellungen eines Lehrers oder eines Durchschnitts von Lehrern.
[76] Das Wort »beliebig« bedarf hier zweier Einschränkungen: 1. Bezugsgruppen sollte man besser nicht über die durch sie bestimmten Positionen befragen, weil es sonst schwierig wird, zwischen institutionalisierten Erwartungen und den Meinungen der Mitglieder von Bezugsgruppen zu scheiden. 2. Eine gewisse Kenntnis der in Frage stehenden Positionen ist bei den Versuchsgruppen erforderlich; ungelernte Arbeiter werden die Position des Buchhalters schwerlich bestimmen können. Sachlich spricht hier manches für (und methodisch nichts gegen) die Befragung von Studenten oder selbst Soziologen.
[77] Für den Begriff des Bestimmungsexperiments und dessen Anwendung in der

setz oder Statut niedergelegt sind und doch einen so großen Ausschnitt des Verhaltens von *homo sociologicus* prägen. Obwohl es gefährlich wäre, sich allein auf das Ergebnis von Bestimmungsexperimenten zu verlassen, versprechen diese doch eine willkommene Ergänzung der auf anderer Weise ermittelbaren Muß- und Soll-Erwartungen.

Bei diesen technischen Bemerkungen ist an Rollenbeschreibungen nur als Grundlage weitergehender Analysen, als Voraussetzung der Behandlung spezifischer Probleme gedacht. Doch können solche Beschreibungen selbst schon aufschlußreiche Einsichten vermitteln; in der Tat ist historisch die literarische Darstellung bestimmter Rollen deren strikter Beschreibung, ja selbst dem Begriff der Rolle vorausgeeilt. Auch in der soziologischen Literatur fehlt es nicht an methodisch zwar ungewissen, der Sache nach aber aufschlußreichen Darstellungen einzelner Rollen. Margaret Mead hat neben anderen in ihrem Werk »Male and Female« die spezifischen Merkmale der Gesellschaftsrollen untersucht[78]. N. Eisenstadts Studie »From Generation to Generation« unternimmt dasselbe für Altersrollen[79]. Mit Spezialbeschreibungen einzelner Berufsrollen – vom Eisenbahner zum Generaldirektor, vom Drogisten zum Boxer, von der Verkäuferin zum ungelernten Arbeiter – ließe sich bereits eine kleine Bibliothek füllen[80]. Viele Untersuchungen zum charakteristischen Verhalten bestimmter sozialer Schichten oder Klassen, wie auch die Mehrzahl der Arbeiten zum problematischen Thema des Nationalcharakters sind im Grunde Beschreibungen von Schichten-, Klassen- und National-Rollen[81]. In all diesen Fällen erweist sich vor allem

Sozialpsychologie vgl. *P. R. Hofstätter:* Sozialpsychologie (a.a.O.), S. 35 ff.; *ders.:* Gruppendynamik (Hamburg 1957).

[78] *M. Mead:* Male and Female – A Study of the Sexes in a Changing World (New York 1949). (Hier wie in den folgenden Anmerkungen wird jeweils nur auf eine Veröffentlichung jüngeren Datums verwiesen, die Hinweise auf weitere Literatur enthält.)

[79] *N. Eisenstadt:* From Generation to Generation – Age Groups and Social Structure (Glencoe 1956).

[80] Vgl. meine: Soziologie der Berufe, in dem demnächst erscheinenden Handbuch der empirischen Sozialforschung, hrsg. von *R. König* und *H. Maus.*

[81] Vgl. *B. Barber:* Social Stratification (New York 1957). *A. Inkeles* und *D. J. Levinson:* National Character – The Study of Modal Personality and Sociocultural System, in: G. Lindzey (Hrsg.), Handbook of Social Psychology (Cambridge Mass. 1954), Bd. II.

die vergleichende Rollenbeschreibung über historische und geographische Grenzen hinweg als fruchtbar.
In spezifische Probleme soziologischer Analyse führt die Beschäftigung mit einzelnen Rollen, wenn sie in Rollen kristallisierte Erwartungen mit tatsächlichem Verhalten konfrontiert. Zwei Aspekte solcher Konfrontation haben wir am Rande bereits erwähnt: die Gegenüberstellung von Rollen mit dem tatsächlichen Verhalten ihrer Träger, und die der Normen von Bezugsgruppen, insoweit sie Rollenerwartungen definieren, mit den Meinungen der Mitglieder von Bezugsgruppen über diese Normen. In beiden Fällen kann der Gebrauch des Rollenbegriffs uns Einsichten in die Gesetzlichkeit sozialen Wandels vermitteln. Wenn etwa die Mehrzahl der Assistenten an deutschen Universitäten tatsächlich Lehr- und Verwaltungsaufgaben wahrnimmt, während die Rolle des Assistenten durch Ausbildungs- und Forschungsaufgaben definiert ist, so läßt sich vermuten, daß hier ein Wandel der Rollendefinition bevorsteht. An der Übereinstimmung von Rollen und tatsächlichem Verhalten bzw. Normen und Meinungen können wir die Stabilität sozialer Prozesse ablesen; ihre Nichtübereinstimmung verrät Konflikte und damit Richtungen der Entwicklung.
Ein für die Untersuchung der Sozialstruktur von Gesellschaften besonders wichtiger Bereich der Rollenanalyse liegt in der Ermittlung von Erwartungskonflikten innerhalb sozialer Rollen (*intra-role conflict*). J. Ben-David hat unter diesem Gesichtspunkt die Rolle des Arztes in der bürokratisierten Medizin mit dem doppelten Erwartungshorizont des Dienstes am Patienten und der Erfüllung administrativer Verpflichtungen untersucht [82]. Ähnliche Konflikte charakterisieren die Mehrzahl akademischer Positionen, die nicht mehr »freie Berufe« sind. In diesen Fällen kennen verschiedene Bezugsgruppen – Klienten und übergeordnete Behörden – widersprüchliche Erwartungen, die den Träger der Position vor eine unlösbare Aufgabe stellen und daher einerseits zu einem sozialen Strukturwandel zwingen, andererseits aber, solange ein solcher

---

[82] In einem noch unveröffentlichten Essay: The Professional Role of the Physician in Bureaucratized Medicine – A Study in Role Conflict. Dieser Aufsatz geht auf die Doktordissertation von *J. Ben-David* zurück: The Social Structure of the Professions in Israel (Jerusalem 1955).

Wandel nicht eintritt, jeden Träger der Position zum »Gesetzesbrecher« machen bzw. von den Bezugsgruppen keineswegs beabsichtigte Verhaltensweisen hervorbringen (bei Ärzten zumeist die Vernachlässigung der Patienten, deren Sanktionen weniger einschneidend sind als die der Behörden). Viele Probleme des Sozialverhaltens lassen sich durch ihr Verständnis als Erwartungskonflikt innerhalb von Rollen erklären.

Die Untersuchung von Konflikten innerhalb von Rollen ist erst durch die Unterscheidung von Rollensegmenten möglich geworden; älter ist die Beschäftigung mit Konflikten, die dort auftreten, wo auf eine Person mehrere Rollen mit widersprechenden Erwartungen entfallen. Solche Konflikte zwischen Rollen *(inter-role conflict)* sind strukturell vor allem dann wichtig, wenn sie nicht auf der zufälligen Wahl von Individuen, sondern auf Gesetzlichkeiten der Positionszuordnung beruhen. Der Einzelne, der die Rollen als Mitglied zweier einander bekämpfender Parteien nicht zu vereinen vermag, kann aus einer von beiden austreten; der Parlamentarier aber, der gleichzeitig einen Beruf ausüben soll, oder der Sohn eines Arbeiters, der als Rechtsanwalt den Erwartungen seiner neuen, höheren Schicht nachkommen soll, hat keine Wahl und steht nichtsdestoweniger in einem Konflikt. Das bekannteste Problem, das mit diesen Begriffen einer Lösung nähergeführt worden ist, ist das der reduzierten Bedeutung der Familie in der industriellen Gesellschaft. N. Smelser hat in seiner Studie über die Baumwollindustrie zur Zeit der Industrialisierung in England gezeigt, wie die Verlagerung der Produktion vom Haus in die Fabrik mit der Trennung von Familien- und Berufsrollen zu einem Konflikt der Erwartungen dieser beiden Sphären geführt hat[83]. Der Vater, der zuvor Arbeit und Erziehung seiner Kinder vereinen konnte, muß diese nun trennen und eine der beiden Funktionen einschränken. Der Konflikt zwischen Berufs- und Familienrollen und seine allmähliche Lösung durch Reduzierung der Erwartungen familiärer Positionen läßt sich an historischem Material im einzelnen belegen und kann als Paradigma für viele andere Prozesse der gesellschaftlichen Teilung der Arbeit gelten.

[83] *M. Smelser:* The British Cotton Textil Industry 1780–1820 (unveröffentl. Ph. D. Thesis, Harvard 1958).

Bei Problemen des Konfliktes von Erwartungen innerhalb von und zwischen Rollen, die auf einen Einzelnen fallen, ist die Brauchbarkeit des Rollenbegriffes offenkundig; doch erstreckt diese sich auf ein sehr viel weiteres Feld. Man denke etwa an das Problem der Erklärung des industriellen Konfliktes. Warum stehen Unternehmer und Arbeiter in einem Konflikt? Ist es, weil zwischen diesen Menschengruppen ein Gegensatz besteht? Sind Arbeiter und Unternehmer als Personen unversöhnliche Gegner? Diese Annahme wäre offenbar wenig plausibel; doch steht sie zumindest implizite hinter vielen Erörterungen dieses Themas. Mit den hier entwickelten Kategorien können wir solche Vermutungen durch einleuchtendere Annahmen ersetzen. Arbeiter und Unternehmer sind die Träger zweier Rollen, die (unter anderem) durch widersprüchliche Rollenerwartungen definiert sind. Der Gegensatz zwischen ihnen ist strukturell gegeben, d. h., er ist von den Gefühlen und Vorstellungen der Rollenspieler prinzipiell unabhängig. Der Konflikt zwischen Arbeitern und Unternehmern besteht nur, insoweit die Herren A, B, C Träger der Position »Unternehmer« und die Herren X, Y, Z Träger der Position »Arbeiter« sind. In anderen Positionen – z. B. als Mitglieder eines Fußballklubs – können A, B, C und X, Y, Z gute Freunde sein. Alle soziologischen Aussagen über ihr Verhältnis lassen sie als Menschen unberührt; sie sind Aussagen über den Menschen als Träger von Positionen und Spieler von Rollen [84].

[84] Für eine gründlichere Durchführung dieses Ansatzes zur Erklärung industrieller und politischer Konflikte vgl. mein Buch: Soziale Klassen und Klassenkonflikt in der industriellen Gesellschaft (Stuttgart 1957). Bei der Skizzierung von Beispielen empirischer Anwendungsmöglichkeiten der Kategorie der Rolle habe ich hier bewußt Problemen des sozialen Konfliktes den Vorzug gegeben. Im Kategorienschema des sog. strukturell-funktionalen Ansatzes zur soziologischen Theorie sind, wie sich zeigen läßt, die Elementarbegriffe »Position« und »Rolle« auf eine höchst unglückliche Weise mit einer analytischen Position verquickt, deren Einseitigkeit sich nachweisen läßt. Es ist dies die Integrationstheorie der Gesellschaft, nach der soziale Struktureinheiten als Systeme begriffen werden können, zu deren Funktionieren sämtliche ihrer Elemente in angebbarer Weise beitragen bzw. deren Elemente, wo sie dies nicht tun, als »dysfunktional« aus dem Rahmen der Analyse herausfallen. So sinnvoll dieser Ansatz für gewisse Probleme der Forschung ist, so unsinnig ist seine Verabsolutierung, und so gefährlich ist daher der Versuch, von ihm her die Definition der Elementarteilchen soziologischer Analyse einzuengen. Wir haben Rollen als sozialen Positionen anhaftende Komplexe von Verhaltenserwartungen definiert. Dabei ist jedoch keine Annahme der Art vorausgesetzt, daß nur

Das Beispiel des industriellen Konflikts läßt sich verallgemeinern. Gewiß gibt es soziologische Probleme, zu deren Lösung der unmittelbare Bezug auf soziale Rollen nicht erforderlich ist; es gibt soziologische Publikationen, in denen das Wort »Rolle« weder vorkommt noch vorzukommen braucht [85]. Aber selbst solche Arbeiten haben es, insoweit sie soziologisch sind, an keiner Stelle mit dem ganzen Menschen, seinen Gefühlen, Wünschen, Idiosynkrasien und Eigentümlichkeiten zu tun. Alle Ausnahmen und Theorien der Soziologie sind stets ausschließlich Annahmen und Theorien über *homo sociologicus,* also über den Menschen in der entfremdeten Gestalt eines Trägers von Positionen und Spielers von Rollen. Nicht der Mensch, sondern der Studienrat Schmidt hat bei hohem sozialem Prestige nur ein relativ niedriges Einkommen; nicht der Mensch, sondern der Parteivorsitzende Schmidt erscheint als Zwischenrufer in den Versammlungen seiner Gegner; nicht der Mensch, sondern der Autofahrer Schmidt verteidigt sich vor dem Verkehrsrichter gegen den Vorwurf zu schnellen Fahrens; nicht der Mensch, sondern der Ehemann und Vater Schmidt schließt eine hohe Lebensversicherung zugunsten seiner Familie ab. Und der Mensch Schmidt? Was tut er? Was kann er tun, ohne als Träger einer Position und Spieler einer Rolle seiner Individualität beraubt und zum Exemplar entfremdet zu werden? Beginnt der Mensch Schmidt, wo seine Rollen

solche Verhaltensmuster als Erwartungen in Frage kommen, deren Verwirklichung einen Beitrag zum Funktionieren eines bestehenden Systems leistet. Auch Verhalten, das vom Standpunkt der Integrationstheorie »dysfunktional« ist, kann normiert, also zu Rollenerwartungen verfestigt sein. So besteht kein Grund, die Annahme zu scheuen, daß die Ablehnung des *status quo* der Herrschaftsverteilung im Bereich der Industrie eine Verhaltenserwartung darstellt, die sich an die Position »Arbeiter« knüpft – obwohl solche Ablehnung offenkundig Stabilität und Funktionieren des bestehenden »Systems« in Frage stellen kann.

[85] Analogien zur Naturwissenschaft scheinen vielen Sozialwissenschaftlern stets anstößig; auf die Gefahr des Mißverständnisses hin sei hier eine mögliche Analogie vermerkt: Auch in der Physik haben keineswegs sämtliche Probleme direkten Bezug auf die Kategorie des Atoms. Ganze Zweige der Physik – z. B. die klassische Mechanik – lassen sich entwickeln, ohne daß diese Kategorie auch nur auftaucht. Dennoch ist es richtig, das Atom als Element einer physikalischen Naturwissenschaft zu bezeichnen. Möglicherweise wird einmal die Rollensoziologie, also die wissenschaftliche Beschäftigung mit Rollen als solchen, gleich der Atomphysik ein Spezialgebiet werden; auch dadurch wird jedoch der Elementarcharakter des Rollenbegriffs nicht berührt.

enden? Lebt er in seinen Rollen? Oder gehört ihm eine Welt, in der Rollen und Positionen so wenig existieren wie Neutronen und Protonen in der Welt der Hausfrau, die den Tisch für das Abendessen deckt? Dies ist das drängende Paradox des *homo sociologicus,* dessen Erörterung uns an die Grenzen der Soziologie und der philosophischen Kritik führt.

IX

»Ein Landesbewohner«, bemerkt Robert Musil, »hat mindestens neun Charaktere, einen Berufs-, einen National-, einen Staats-, einen Klassen-, einen geographischen, einen Geschlechts-, einen bewußten, einen unbewußten und vielleicht auch noch einen privaten Charakter; er vereinigt sie in sich, aber sie lösen ihn auf, und er ist eigentlich nichts als eine kleine, von diesen vielen Rinnsalen ausgewaschene Mulde, in die sie hineinsickern und aus der sie wieder austreten, um mit anderen Bächlein eine andere Mulde zu füllen. Deshalb hat jeder Erdbewohner auch noch einen zehnten Charakter, und dieser ist nichts als die passive Phantasie unausgefüllter Räume; er gestattet dem Menschen alles, nur nicht das eine: das ernst zu nehmen, was seine mindestens neun anderen Charaktere tun und was mit ihnen geschieht; also mit anderen Worten, gerade das nicht, was ihn ausfüllen sollte.«[86] Wie der Dorfapotheker, der mit seinen »naiven« Wettervorhersagen kürzlich dem Meteorologischen Dienst des Britischen Rundfunks den Rang ablief, so nimmt der Dichter Musil hier dem Soziologen die Einsicht in die Struktur seines Gegenstandes vorweg. Musil tut noch mehr. Seine in der Fülle ihres Gehalts wie in der Ironie ihrer Form gleich kluge Bemerkung zeichnet dem Soziologen nicht nur den Gegenstand seiner Wissenschaft, sondern auch die Grenzen seiner Methode vor. Musil kennt das Paradox der beiden Menschen und löst es in der Ironie der Betrachtung.
Der Landesbewohner ist der Mensch in den Bezügen der Gesellschaft; er ist nicht nur Mensch, sondern Mensch in seinem »Land«, in gewissen politischen Grenzen, in denen andere mit ihm wohnen, auf die er angewiesen ist. Als solcher hat er eine Reihe von Charak-

---

[86] *R. Musil:* Der Mann ohne Eigenschaften (Hamburg 1952), S. 35.

teren, von Masken, Personen oder Rollen. Beruf, nationale Zugehörigkeit, staatsbürgerliche Stellung, Klasse, regionale Persönlichkeit und Geschlecht sind solche Charaktere; Alter, Familie und andere hätte Musil ihnen hinzufügen können. Der Landesbewohner ist überdies nicht nur *homo sociologicus,* sondern auch *psychological man;* zwei Seelen wohnen in seiner Brust, die eine bewußtes Ich, die andere unbewußtes Es, und auch dies sind Farben im Spektrum seiner schillernden Gestalt. Seine Charaktere, die doch nicht seine sind, lassen dem Landesbewohner einen kleinen Spielraum der Freiheit, den er, so er will und kann (»vielleicht«), für ihn ganz Eigenes in Anspruch nehmen mag. Dieser kleine Raum gezügelter Freiheit tritt als privater Charakter an die Seite der anderen. Der Mensch »hat« diese Charaktere, sie sind durchaus seine, und doch hat er sie nicht geschaffen. Sie haben ihre Wirklichkeit außer ihm und entreißen ihn, indem er sie annimmt, sich selbst. Sie lösen ihn auf. Was bleibt, ist der Mensch als »kleine, von diesen vielen Rinnsalen ausgewaschene Mulde«, als Spieler von Rollen, die ihm so wenig gehören wie die Gesetze des Landes, in dem er lebt. Die Rollen werden ihm aufgebürdet; er wird durch sie geprägt; aber wenn er stirbt, nimmt die unpersönliche Kraft der Gesellschaft seine Rollen von ihm, um sie in neuer Verbindung einem anderen aufzuladen. Der Mensch ist vom Einmaligen zum Exemplar, von Einzelnen zum Mitglied, von der freien und autonomen Kreatur zum Produkt seiner entfremdeten Charaktere geworden.

Aber der Mensch, dieser bestimmte Mensch Hans Schmidt, dem wir auf einer Gesellschaft begegnen, ist nicht nur die Summe seiner Charaktere. Wir spüren und wissen, daß ihm ein Zusätzliches, anderes eigen ist, daß er nicht nur »Landesbewohner«, sondern auch »Erdbewohner« und als solcher von aller Bindung an die Gesellschaft frei ist. Sein »zehnter Charakter« ist mehr als eine Ergänzung der anderen neun; er beherrscht eine ganze Welt und duldet keine anderen Charaktere neben sich; er ist die Klammer, die alle anderen Charaktere zusammenfaßt und aufhebt. Der Landesbewohner Mensch ist für den Erdbewohner Mensch nur ein Gegenstand ironischen Protestes. Des Landesbewohners Anspruch auf Ausschließlichkeit wird dem Erdbewohner eine ferne Anmaßung, die er sich anhört und über die er lächelt, ohne daß sie die Räume seiner Phantasie zu durchdringen vermag. Sein »zehnter Charakter« stirbt mit dem Erdbewohner; er gehört nur ihm und wird von ihm allein verwaltet.

Musils ironischer Rückzug in die passive Phantasie unausgefüllter Räume mag nicht die einzige und nicht die befriedigendste Antwort auf die Herausforderung des Paradoxes zweier Menschen sein; aber seine Bemerkung enthüllt dieses Paradox mit dramatischer Prägnanz. Wie immer wir *homo sociologicus* drehen und wenden mögen, es wird uns nicht gelingen, ihn in den bestimmten Einzelnen zu verwandeln, der unser Freund, Kollege, Vater oder Bruder ist. *Homo sociologicus* kann weder lieben noch hassen, weder lachen noch weinen. Er bleibt ein blasser, halber, fremder, künstlicher Mensch. Dennoch ist er mehr als das Paradestück einer Ausstellung. An seinem Maßstab wird unsere Welt, ja wird unser Freund, Kollege, Vater und Bruder uns verständlich. *Homo sociologicus* erweist sich als Bürger einer Welt, die zwar nicht die Welt unserer lebendigen Erfahrungen ist, aber doch bedenkliche Ähnlichkeiten mit dieser hat. Wenn wir uns mit ihm und seinen vorgeprägten Weisen identifizieren, erhebt sich zwar unser »zehnter Charakter« zum Protest; aber der Protest enthebt uns nicht des Zwanges, den auf der Landkarte der Soziologie verzeichneten Weges des *homo sociologicus* zu folgen.

An der Wiege der Soziologie stand eine doppelte Intention. Diese neue Disziplin sollte die Tatsache der Gesellschaft durch prüfbare Annahmen und Theorien rationalem Verständnis eröffnen, und sie sollte dazu beitragen, den einzelnen Menschen zur Freiheit selbstgewählter Zwecke zu führen [87]. Heute macht Alfred Weber sich

---

[87] Mir scheint, der Ausgangspunkt der Soziologie läßt sich in vier sozialen und intellektuellen Konstellationen auffinden, in deren jeder moralische und wissenschaftliche Impulse zugleich (wennschon in unterschiedlichem Mischungsverhältnis) auftauchen: (1) Das Schottland des späten 18. Jahrhunderts (nach Hume) mit Männern wie Adam Smith und Ferguson, Sir John Sinclair und Millar, denen es um die Bewältigung des Problems der aufbrechenden Feudalgesellschaft und der beginnenden Industrialisierung ging. (2) Das Frankreich des frühen 19. Jahrhunderts, in dem Saint-Simon und Comte sich um die intellektuelle Bewältigung der Französischen Revolution mühten. (3) Deutschland in den 30er und 40er Jahren des 19. Jahrhunderts (nach Hegel), in dem Strauß, Feuerbach, die Brüder Bauer, Ruge, Hess, Engels und Marx die beiden Schritte von der Kritik der Religion zur Kritik der Gesell-

zum Sprecher vieler, wenn er die »Fülle der Soziologien« beklagt, die »den Menschen und sein Geschick im Ganzen nicht mehr ... zum Mittelpunkt« haben und daran festhält, daß »die Soziologie ... es mit der Struktur und Dynamik des menschlichen Daseins zu tun« hat [88]. Webers Formulierung ist vielleicht nicht ganz glücklich. Sie verbirgt einen wesentlichen Einwand hinter dem Anschein einer faktischen Bestimmung des Themas der Soziologie. Der Vorwurf, der sich gegen die Soziologie nach einigen Jahrzehnten rascher Entwicklung erheben läßt, ist, daß sie zwar dem rationalen Verständnis der Tatsache der Gesellschaft um manchen Schritt nähergekommen ist, dabei aber den autonomen ganzen Menschen und seine Freiheit aus den Augen verloren hat. Indem sie *homo sociologicus* konstruierte, ist dieser bestimmte Herr Schmidt in seiner Einzelheit und mit seinem Anspruch auf Achtung und Freiheit ihr in den Fingern zerronnen. Die Soziologie hat die Exaktheit ihrer Annahmen mit der Menschlichkeit ihrer Absichten bezahlt und ist zu einer durchaus inhumanen, amoralischen Wissenschaft geworden.

Alfred Weber und die vielen, die seine Meinung teilen, sind in einer wesentlichen Hinsicht im Irrtum. Daß die Soziologie im Verlauf ihrer Entwicklung den ungeteilten Einzelnen und seine Wohlfahrt aus den Augen verloren hat, ist nicht das Ergebnis einer prinzipiell zufälligen Fehlentwicklung dieser Disziplin. In dem Augenblick, in dem sie sich als Wissenschaft konstituierte, war dieses Ergebnis vielmehr unvermeidlich. Die beiden Intentionen, unter deren Aspekt die Soziologie ihren Weg antrat, waren und sind der Sache nach unvereinbar [89]. Solange die Soziologie ihre Aufgabe als ein moralisches Problem versteht, muß sie auf die Rationalisierung und Analyse der gesellschaftlichen Wirklichkeit verzichten; sobald sie nach wissenschaftlicher Einsicht strebt, tritt das moralische Anlie-

---

schaft und von der Theorie zur Praxis zugleich vollzogen. (4) England in den späten 80er Jahren des 19. Jahrhunderts (1889: Veröffentlichung der Fabian Essays, Gründung der großen Ungelerntengewerkschaften) mit Shaw, den Webbs, Charles Booth und anderen Sozialpolitikern, die ihre Ziele nur auf der Grundlage gründlicher Kenntnis der Gesellschaft verwirklichen zu können glaubten. – Auf diese Zusammenhänge bezieht sich der Hinweis auf die doppelte Intention der Soziologie.

[88] *A. Weber:* Einführung in die Soziologie (München 1955); S. 13, S. 12.
[89] Der Hinweis auf Max Webers Gedanken einer »wertfreien Sozialwissenschaft« drängt sich hier auf. Vgl. dazu unten Abschnitt X.

gen des Individuums und seiner Freiheit zurück. Nicht daß die Soziologie sich von ihrer eigentlichen Aufgabe entfernt hat, sondern daß sie sich überhaupt als Wissenschaft entwickelt hat, macht das Paradox des moralischen und des entfremdeten Menschen so bedrängend. Das erstere wäre ein reversibler Prozeß; das letztere aber schafft eine unausweichliche Frage: Ist der Mensch ein in seinem Verhalten vorgeprägtes, daher berechenbares und kontrollierbares gesellschaftliches Wesen? Oder ist er ein je einmaliges, zur Autonomie und Freiheit fähiges Wesen?
Wir haben vielleicht bislang etwas leichtfertig von dem Paradox des doppelten Menschen gesprochen, als stelle uns dieses vor eine Antithetik, die intellektuelle oder praktische Auflösung nicht gestattet. Zumindest bedarf unser Paradox der Prüfung seiner Unausweichlichkeit und Unauflösbarkeit. Besteht ein notwendiger Widerspruch zwischen dem moralischen Bild des Menschen als einem ganzen, einmaligen, freien Wesen und seinem wissenschaftlichen Bild als zerstückeltem, exemplarischem, determiniertem Aggregat von Rollen? Müssen wir annehmen, daß der Mensch entweder das eine oder das andere ist, daß also entweder die Erfahrung unserer moralischen Existenz oder der Versuch der wissenschaftlichen Rekonstruktion des Menschen irrt? Zumindest ein Aspekt dieser Frage, nämlich der der Freiheit oder Bedingtheit menschlichen Handelns, hat in Kants dritter Antinomie der reinen Vernunft eine ausführliche Behandlung erfahren, und da es Kant um eben die Frage des Scheincharakters unseres Paradoxes ging, mögen wir gut daran tun, sein Argument zu verfolgen. Das Motiv der Freiheit des Menschen unserer Erfahrung gegenüber der Determiniertheit des *homo sociologicus* hat in unseren Überlegungen das andere nur begleitet, daß der Erdbewohner intakter Einzelner ist, während uns der Landesbewohner als bloße Summe unpersönlicher Elemente erscheint; doch läßt Kants Erörterung sich ohne Schwierigkeit auf beide Aspekte des anscheinend paradoxen Widerspruches des doppelten Menschen anwenden.
Homo sociologicus ist, in der Sprache Kants, der Mensch im Bann der »Natur«gesetzlichkeit[90], dessen jeder Schritt nur Glied in

---

[90] Kant selbst berührt gelegentlich – vor allem in seiner »Anthropologie« – die Grenzen der Sozialwissenschaft, doch bleiben für ihn im wesentlichen »Gesetz-

einer Kette erkennbarer Bezüge ist; der ganze Einzelne dagegen läßt sich keiner solchen Kette eingliedern, er ist frei. Jeder dieser beiden Menschen kann zu seiner Rechtfertigung ein logisch schlüssiges Argument vorbringen; sie sind Thesis und Antithesis eines immanent nicht lösbaren Widerstreites. »Natur also und transzendentale Freiheit unterscheiden sich wie Gesetzmäßigkeit und Gesetzlosigkeit, davon jene zwar den Verstand mit der Schwierigkeit belästigt, die Abstammung der Begebenheiten in der Reihe der Ursachen immer höher hinauf zu suchen, weil die Kausalität an ihnen jederzeit bedingt ist, aber zur Schadloshaltung durchgängige und gesetzmäßige Einheit der Erfahrung verspricht, dahingegen das Blendwerk von Freiheit [91] zwar dem forschenden Verstande in der Kette der Ursachen Ruhe verheißt, indem sie ihn zu einer unbedingten Kausalität führt, die von selbst zu handeln anhebt, die aber, da sie selbst blind ist, den Leitfaden der Regeln abreißt, an welchem allein eine durchgängige zusammenhängende Erfahrung möglich ist.« [92] Jedes der beiden, Natur und Freiheit, *homo sociologicus* und der ganze Mensch, hat, wenn wir es auf seine Anziehungskraft hin prüfen, seine eigenen Reize und Schattenseiten. Die These der Freiheit ist zwar »dogmatisch« und »spekulativ«, doch ist sie darum nicht minder »populär«, zumal sie unserem »praktischen Interesse« entgegenkommt. Denn in der Antithese der Gesetzlichkeit »verlieren auch die moralischen Ideen und Grundsätze alle Gültigkeit« [93]. Dafür ist diese andererseits »empirisch« und verschafft uns ein verläßliches und geordnetes Verständnis der Welt. Beide Seiten neigen dazu, »in den Fehler der Unbescheidenheit« zu verfallen [94]. Der Soziologe beschreibt den Menschen als Aggregat von Rollen und

lichkeit« und »Naturgesetzlichkeit« ein und dasselbe. Heute muß der Begriff der »Naturgesetzlichkeit« sowohl für die Naturwissenschaft als auch insbesondere für die Sozialwissenschaft zweifelhaft erscheinen. Er legt den Gedanken an eine immanente Notwendigkeit nahe, wo doch (wie wir nicht zuletzt durch Kant wissen) nur stets hypothetische wissenschaftliche Theorien gemeint sind.
[91] Dieses Zitat stammt aus Kants Begründung der Antithese (»Es ist keine Freiheit, sondern alles in der Welt geschieht lediglich nach Gesetzen der Natur«) und wird daher dem Argument für die These der Freiheit nicht ganz gerecht. Aus dieser Stellung im Zusammenhang erklärt sich ein Ausdruck wie »Blendwerk der Freiheit«.
[92] *I. Kant:* Kritik der reinen Vernunft (hrsg. von R. Schmidt, Leipzig 1930); S. 463.
[93] A.a.O.; S. 474.
[94] A.a.O.; S. 477.

nimmt unversehens für sich in Anspruch, damit das Wesen des Menschen gültig entdeckt zu haben. Sein Kritiker andererseits spricht ihm im Namen des ganzen Menschen jedes Recht ab, den Versuch zu unternehmen, den Menschen in Elemente aufzulösen und wissenschaftlich zu rekonstruieren.

Wenn und nur wenn – so argumentiert nun Kant – wir annehmen, daß es außer unserer Erfahrung ein dieser zugängliches Ansichsein gibt, dann ist der Widerspruch dieser beiden Thesen in der Tat eine unlösbare Antinomie. Für die Annahme eines solchen erkennbaren Ansichseins gibt es jedoch gar keinen Anhaltspunkt. Vielmehr erweist die transzendentale Kritik, daß Thesis und Antithesis, Erdbewohner und Landesbewohner zwei Weisen der Auffassung desselben Gegenstandes sind, die sich aus verschiedenen Erkenntnisgründen speisen und daher in keiner Weise im Widerspruch zueinander stehen. Kant drückt diesen Sachverhalt in einer Metapher aus, die in so verblüffender Weise an das Musil-Zitat (und an die Sphäre unserer Theatermetaphern) erinnert, daß man fast versucht ist anzunehmen, Musil habe Kant in seine freiere Sprache übertragen: »Es muß aber eine jede wirkende Ursache einen *Charakter* haben, d. i. ein Gesetz ihrer Kausalität, ohne welches sie gar nicht Ursache sein würde. Und da würden wir an einem Subjekt der Sinnenwelt erstlich einen *empirischen Charakter* haben, wodurch seine Handlungen, als Erscheinungen, durch und durch mit anderen Erscheinungen nach beständigen Naturgesetzen im Zusammenhange stünden, und von ihnen, als ihren Bedingungen, abgeleitet werden könnten, und also mit diesen in Verbindung, Glieder einer einzigen Reihe der Naturordnung ausmachten. Zweitens würde man ihm noch einen *intelligiblen Charakter* einräumen müssen, dadurch es zwar die Ursache jener Handlungen als Erscheinungen ist, der aber selbst unter keinen Bedingungen der Sinnlichkeit steht, und selbst nicht Erscheinung ist. Man könnte auch den ersteren den Charakter eines solchen Dinges in der Erscheinung, den zweiten den Charakter des Dinges an sich selbst nennen.«[95] Musil löst den empirischen Charakter Kants in eine Reihe von Charakteren auf; der intelligible Charakter aber bleibt als »zehnter Charakter« eine Einheit von ganz anderer Art als die übrigen. In der Erscheinung, d. h. in seinem

[95] A.a.O.; S. 527/8.

beobachtbaren Verhalten, ist der Mensch für uns ein rollenspielendes, determiniertes Wesen. Diese Aussage berührt jedoch die Tatsache nicht, daß dem Menschen jenseits seiner Erscheinung ein von dieser und ihrer Kausalität nicht affizierter Charakter der Freiheit und Integrität eignet. »So würde dann Freiheit und Natur, jedes in seiner vollständigen Bedeutung, bei eben denselben Handlungen, nachdem man sie mit ihrer intelligiblen oder sensiblen Ursache vergleicht, zugleich und ohne allen Widerstreit angetroffen werden.« [96]

Daß der Mensch eine der Erscheinungen der Sinnenwelt ist, auf die diese Überlegungen zutreffen, betont Kant ausdrücklich; von der Erörterung dieses »Beispiels« leitet er seine Unterscheidung von Verstand und Vernunft her [97]. Jeder Mensch hat einen empirischen Charakter, im Hinblick auf den es keine Freiheit gibt, wir vielmehr den Menschen »lediglich beobachten, und, wie es in der Anthropologie geschieht, von seinen Handlungen die bewegenden Ursachen physiologisch erforschen wollen« [98]; er hat daneben und zugleich einen intelligiblen Charakter, eine praktische Vernunft, die ihn zum freien und moralischen Wesen macht. Im Hinblick auf die somit als bloß scheinbar enthüllte Antithetik der Erkenntnis des Menschen ist kein Grund einsichtig, Kants Schluß zu verwerfen, daß die beiden Charaktere »voneinander unabhängig und durcheinander ungestört stattfinden können« [99]. Der ungeteilte, freie Einzelne ist empirischer Forschung zwar nicht zugänglich und kann es seinem Begriff nach nicht sein; dennoch wissen wir um ihn in uns selbst und in anderen. Das konstruierte, bedingte Exemplar andererseits beruht auf dem systematischen Studium der Erscheinungen; aber es ist auch nicht mehr als eine Konstruktion des Verstandes. Das Paradox der beiden Menschen ist – wenn es überhaupt besteht – von anderer Art als das der beiden Tische. Dieses enthüllt einen Widerstreit der Erfahrung im Hinblick auf die gleiche Erscheinung; jenes dagegen stellt sich als Phantom heraus, wenn wir die Erkenntnisgründe der Antithetik kritisch betrachten. Die beiden Gestalten

---

[96] A.a.O.; S. 529.
[97] Vgl. a.a.O.; S. 533.
[98] A.a.O.; S. 536.
[99] A.a.O.; S. 541.

des Tisches sind konkurrierende Theorien in derselben Erkenntnissphäre; die beiden Charaktere des Menschen sind Ausdruck wesentlich verschiedener Möglichkeiten des Erkennens.

Kants Argumente gelten in voller Schärfe für unseren Zusammenhang. Dennoch ist das Paradox des doppelten Menschen kein Trugbild. Daß es identisch ist mit dem Paradox des doppelten Tisches, haben wir an keiner Stelle behauptet. Vielmehr haben wir die Doppelung des Menschen von vornherein als einen bedrängenderen, unausweichlicheren Widerspruch bezeichnet als die Doppelung des Tisches. Der in dieser Unausweichlichkeit angedeutete Unterschied läßt sich nunmehr präzisieren. Wenn wir von dem Tisch des Physikers und dem der naiven Erfahrung sprechen, so behaupten wir ein Paradox der Aussagen »Dieser Tisch ist glatt und fest« und »Dieser Tisch ist (nicht glatt und fest, sondern) ein Bienenkorb von Atomteilchen«. Die Rede von zwei Menschen hat aber mehr zum Inhalt als nur den scheinbaren Widerstreit zwischen den Aussagen »Der Mensch ist ganz und frei« und »Der Mensch ist ein Aggregat von Rollen und bedingt«. Im Hinblick auf die Erkenntnis des Menschen widersprechen diese Aussagen einander nicht. Sie stehen aber in einem Widerspruch, wenn wir sie von der transzendentalen in die empirische Sphäre transponieren, also beide Menschen auf praktische Fragen des Sollens beziehen. Der doppelte Mensch stellt uns vor ein moralisches Problem; der doppelte Tisch tut dies nicht und kann es nicht tun. Weil wir, wenn immer wir von Menschen handeln, die Grenzen bloßer Erkenntnis überschreiten und die praktische Sphäre der Moral betreten, wird Doppelung hier vom Problem der Erkenntnis, das sich untersuchen, aber auch beiseite schieben läßt, zur Frage, die als Hindernis jeden Fortgang sinnvollen Handelns unterbindet, wenn man ihr nicht ins Auge sieht. Unser Paradox verlangt nicht die Entscheidung, ob der Mensch »Erdbewohner« oder »Landesbewohner« ist, sondern ob die Soziologie, indem sie den Menschen zum *homo sociologicus* entfremdet, entgegen ihrer ursprünglichen Intention Unfreiheit und Unmenschlichkeit wenn nicht bewußt befördert, so doch durch ihre Toleranz unterstützt.

X

Von allen Sozialwissenschaftlern waren es die Historiker, die den Konflikt zwischen dem ganzen Menschen und seinem soziologischen Schatten zuerst gesehen und für sich einer prekären Lösung entgegengeführt haben. Zumindest seit der Entdeckung einer historischen Wissenschaft im 19. Jahrhundert ist die Diskussion um die Frage nicht abgerissen, ob die systematische Beschäftigung mit der Geschichte wirklich nur Wissenschaft ist oder ob sie nicht zugleich stets Kunst sein muß [100]. Nicht alle Historiker waren und sind Verteidiger einer künstlerisch inspirierten Historiographie; auch Klio hat das 19. Jahrhundert nicht ohne Schaden überstanden. Aber es gibt kaum einen Historiker von Rang, der sich nicht der Tatsache bewußt ist, daß selbst die besten wissenschaftlichen Theorien der Ökonomie, Psychologie und Soziologie ihm eine Aufgabe kaum erleichtern: das Vergangene in seiner Darstellung wieder zum Leben zu erwecken. Sobald er über die Abstraktionen allgemeiner Annahmen und ihrer Prüfung an Hand spezifischer Situationen hinausstrebt und eine einzige historische Situation in ihrer menschlichen Fülle und Tragik zu erfassen sucht, lassen ihn die Theorien der Wissenschaft im Stich, und er muß sich an den ganzen Menschen unter Einschluß der passiven Phantasie unausgefüllter Räume halten. Aus seinen Rollen kann er Herrn Schmidt nicht rekonstruieren. Wäre die Historiographie nur ein Prüfstand der strengeren Sozialwissenschaften, dann brauchte sie sich um diese Frage nicht zu sorgen. Doch ist sie offenbar mehr als dies. Sowohl ihre künstlerischen als auch ihre pragmatischen Absichten verlangen einen unmittelbareren Zugang zu den Akteuren vergangener Dramen, als ihn die Soziologie zu geben vermag.

Das Problem des Historikers ist kein Problem der wissenschaftlichen Erkenntnis. Es beruht vielmehr auf der Tatsache, daß dort, wo Wissenschaft vom Menschen handelt, ihr Anliegen und das der Praxis so nahe aneinanderrücken, daß die logische Trennung der

---

[100] Die von F. Stern herausgegebene hervorragende Anthologie "The Varieties of History from Voltaire to the Present" (New York ²1957) verfolgt diese Diskussion an Hand der Äußerungen von Historikern durch zwei Jahrhunderte. Die folgenden Behauptungen beruhen auf der Lektüre dieses Bandes.

beiden für die Praxis ohne Bedeutung bleibt. Im Hinblick auf unser Handeln sind »Erdbewohner« und »Landbewohner« keineswegs zwei Sphären, die neben- und durcheinander bestehen, ohne sich je zu stören. Mit gutem Grund sagt Musil von seinem Erdbewohner, daß er »gerade das nicht [ernst nimmt], was ihn ausfüllen sollte«. Der Erdbewohner ist ein Protest gegen den Landbewohner, der diesem sein Reich bestreitet, weil umgekehrt der Landesbewohner die unausgefüllten Räume des Erdbewohners mit seinen Gesetzen zu durchdringen sucht. Insofern *homo sociologicus* mehr ist als das private Spielzeug einiger Eremiten, die sich auf entfernten Bergen kontemplativen Übungen hingeben, wird er zur Herausforderung an den moralischen Menschen und seine Ziele. Das Paradox, das Kants transzendentale Kritik nicht aufzulösen vermag, beruht auf der moralischen Wirkung des soziologischen Menschen in einer Gesellschaft, die nur allzugern ihren *common sense* durch wissenschaftliche Theorien zu ersetzen bereit ist [101]. Schon finden unsere Gerichte es in zunehmendem Maße schwierig, hinter den erklärenden Gutachten sozialwissenschaftlicher Experten noch eine Schuld des Angeklagten zu ermitteln. Jede, auch die unmenschlichste Bewegung wird für den soziologisch geschulten Journalisten und seine Leser zu einer »notwendigen« Konsequenz angebbarer Ursachen und Konstellationen. Der Punkt ist nicht fern, an dem der aller Individualität und aller moralischen Verantwortung bare *homo sociologicus* in der Perzeption der Menschen und damit für ihr Handeln den freien, integren Einzelnen, der der Herr seines Tuns ist, ganz ersetzt hat. Weil *homo sociologicus* und der ganze Mensch gegeneinander um die Gunst und das praktische Selbstverständnis der Menschen ringen, begründen sie ein Dilemma, dem wir uns stellen müssen. Weil *homo sociologicus*

---

[101] Das hier in Frage stehende Problem ist Kant nicht fremd; doch geht seine Lösung in der »Kritik der praktischen Vernunft« an dem Kern des Dilemmas vorbei. Was Kant – aus gutem Grund – als intellektuelles Problem behandelt, ist hier vor allem ein soziales Problem; anders ausgedrückt: das Paradox des doppelten Menschen beruht weder auf der Unvereinbarkeit von Aussagen über beide noch auf einem prinzipiellen Zweifel, welcher der beiden Charaktere als praktische Grundlage der Moral zu dienen habe. Das Dilemma beruht vielmehr auf dem sozialen Einfluß der Wissenschaft vom Menschen und der tatsächlich verbreiteten Hypostasierung ihrer Annahmen, der gegenüber logische Kritik wirkungslos bleibt.

als Produkt der Wissenschaft auch in unserem Jahrhundert noch die besseren Startchancen hat, ist die Klärung des Dilemmas wichtig und dringlich.
Die Feststellung entbehrt nicht der Ironie, daß die Schuld der Soziologie an diesem Dilemma nicht die Schuld der Soziologen ist. Der alte Gemeinplatz des *tout comprendre c'est tout pardonner* gilt hier wie für die Anwendung der Wissenschaft auf die Praxis selbst. Es läßt sich nun einmal schwerlich bestreiten, daß die Soziologie, insofern sie es nur mit dem empirischen Charakter des Menschen zu tun hat, eine Sphäre betreten mußte, in der, wie Kant sagt, »die moralischen Ideen und Grundsätze alle Gültigkeit [verlieren]« – während sie zugleich, da ihre Wissenschaft vom Menschen handelt, durch ihre Publizität und Lehre zu einem moralischen Gewicht in der Gesellschaft werden mußte. Wenn wir uns an die doppelte Intention am Ursprung der Soziologie erinnern, so steht der Soziologe selbst in einem unlösbaren Rollenkonflikt zwischen der Erwartung, wissenschaftlich vorzugehen und also auch, wenn es sich zum Zweck seiner Analysen als nötig erweist, den Menschen zum *homo sociologicus* zu entfremden, und dem anderen Anspruch, einen Beitrag zur Befreiung des Menschen von äußeren Zwecken zu leisten, also Herrn Schmidt als selbstverantwortlichen, freien Einzelnen zu erhalten. Hier allerdings wird dann doch ein Element der Wahl und möglichen Schuld im Verhalten des Soziologen deutlich. Wie der Arzt im Konflikt zwischen den Erwartungen seiner Patienten und der Krankenkasse, der sich entschließt, eher den Patienten zu vernachlässigen als bei der Bürokratie einer Organisation in Ungnade zu fallen, haben Soziologen allzu leichtfertig ihren moralischen Auftrag gegen die Präzision und Kühle der Methode der Wissenschaft eingetauscht. Die Wahl war nicht schwer. Patienten können ihren Ärzten gemeinhin ebensowenig anhaben wie die Menschen den sie untersuchenden Soziologen [102]; bürokratische Organisationen und die Gemeinschaft der Wissenschaft aber sind wohlvorbereitet auf

---

[102] Diese Behauptung bedarf einer doppelten Einschränkung: Einmal besteht natürlich für Patienten die allerdings entfernte (wennschon in den USA in zunehmendem Maße ausgenutzte) Möglichkeit, Ärzte wegen Vernachlässigung ihrer Pflichten zu belangen; zum anderen aber ist die hypostasierte Gesellschaft des Soziologen – der totale Staat – eine indirekte Sanktion, an deren Schwere wohl wenig Zweifel besteht.

die Eventualität, ihre Mitglieder mit der ihnen zur Verfügung stehenden Sanktion des Ausschlusses zu belegen. Dennoch war es eine schlimme Wahl, deren Folgen unvergleichlich schwerwiegender sein werden (und vielleicht schon sind) als die Sanktionen, unter denen Einzelne hätten leiden müssen, wenn ihre Entscheidung anders ausgefallen wäre.

Es liegt eine fast tragische Ironie in der Tatsache, daß der Mann, der für die Soziologie die Entscheidung zur Wissenschaft und damit gegen den moralischen Anspruch traf, sich vielleicht mehr als irgendein anderer Soziologe der Dringlichkeit des Dilemmas der beiden Menschen bewußt war. Trotzdem kann wenig Zweifel daran bestehen, daß Max Webers strenge Trennung von Wissenschaft und Werturteil, seine Forderungen einer wertfreien Sozialwissenschaft, die Aufgabe der moralischen Intention der Soziologie zum Ergebnis gehabt hat. Das war zweifellos nicht Webers Absicht. Wenn er die schärfste Scheidung wertender Stellungnahmen und moralischer Impulse von der wissenschaftlichen Beschäftigung mit einem Gegenstand forderte, dann glaubte er, gerade dadurch sowohl der Wissenschaft als auch den Werten zu ihrer eigentlichen Würde zu verhelfen. Hier aber lag sein großer und so folgenschwerer Irrtum. Weber hat übersehen, daß die Sozialwissenschaft und ihre Forschungsergebnisse selbst eine moralische Kraft darstellen, die, wenn sie nicht bewußt gezügelt wird, mit so großer Macht gegen die Werte der Freiheit und der Individualität wirkt, daß eine von aller Wissenschaft unabhängige Moral sie nicht mehr aufzuhalten vermag. Was Weber in seiner starken Persönlichkeit noch vereinen konnte – die Unerbittlichkeit der wertfreien Wissenschaft und die Leidenschaft der moralischen Position – fiel bald auseinander. Es blieb die wertfreie Soziologie, und es verschwand der Mensch in der Würde seiner Freiheit und Individualität [103].

[103] Die meisten von *Webers* hier gemeinten Arbeiten finden sich in seinen »Gesammelten Aufsätzen zur Wissenschaftslehre« (Tübingen 1922). In ihrer Argumentation wie in der dieser zugrunde liegenden doppelten Leidenschaft zur wissenschaftlichen Redlichkeit und zur politischen Aktion haben diese Arbeiten noch heute nichts von ihrer Großartigkeit eingebüßt. Um so schwerer fällt es, Weber an diesem Punkt zu kritisieren. Doch läßt sich in diesem sowenig wie in irgendeinem anderen Fall die Wirkung eines Werkes von diesem selbst trennen. Und diese Wirkung war – vor allem in den USA – das völlige moralische und politische Disengagement der Soziologen, das schließlich den

Webers Irrtum liegt nicht in der Logik seiner Trennungen, die vielmehr unangreifbar ist. Er hat recht, wenn er vor der Vermischung praktischer Werte und wissenschaftlicher Einsichten warnt. Seine Unterscheidung der beiden ist eine legitime Anwendung von Kants Unterscheidung des empirischen und des intelligiblen Charakters. Webers Schuld liegt in der Weise, in der er seine Akzente verteilt. Auch diese ist historisch und biographisch verständlich. Die Diskussionen im Verein für Sozialpolitik ließen ihm keine andere Wahl, als in seinen Argumenten vor allem die Punkte hervorzuheben, an denen der Kontakt von Wissenschaft und Werturteil für beide schädliche Folgen hat [104]. Heute sind jedoch Webers Gegner in diesen Diskussionen vergessen. Er selbst dagegen und seine Position lebt und wirkt fort, und sie wirkt in eine Richtung, die, sowenig ihr Urheber sie gewollt haben mag, mehr Schaden als Nutzen erbringt. Es fehlt nicht an Beispielen für Soziologen, die sich des hypothetischen Charakters ihres künstlichen Menschen kaum noch bewußt sind. Wenn sie von der menschlichen Persönlichkeit als einem Aggregat von Rollen sprechen, bedenken sie nicht, daß dies eine Persönlichkeit ohne »zehnten«, intelligiblen, moralischen Charakter ist, ein schreckliches Phantom totalitärer Phantasie. Wenn schon Soziologen dieser schlimmen Verwechslung von *homo sociologicus* und dem autonomen Einzelnen erliegen, ist es kaum erstaunlich, daß ihre Studenten und Leser ihnen folgen. Und es ist nur ein Schritt vom entfremdeten Verständnis des Menschen als bloßem, stets bedingtem Rollenspieler zu jener entfremdeten Welt von »1984«, in der alles Lieben und Hassen, Träumen und Handeln, alle Individualität, die sich dem Zugriff der Rollen entzieht, zum Verbrechen an der zur Gesellschaft hypostasierten Soziologie wird.

---

vielberufenen »Konformismus« der Soziologie zur Folge hatte. Der Widerspruch zwischen Webers Absichten und seiner Wirkung entbehrt nicht echter Tragik.

[104] Wenn hier überhaupt von »Schuld« gesprochen werden muß, so liegt diese vorab in der unseligen »Werturteilsdiskussion« des Vereins für Sozialpolitik, die das Jahrzehnt von 1904 bis 1914 beherrschte und noch heute ihre Schatten nicht nur auf die deutsche Sozialwissenschaft wirft. Das Schlimmste an dieser Diskussion ist die aller Erfahrung widersprechende Verbindung von politischem Konservatismus und wertender Wissenschaft bei Webers Gegnern bzw. politischer Kritik und wertfreier Wissenschaft bei Weber. Aus dieser »falschen« Frontstellung lassen sich manche Wirkungen von Webers Thesen erklären.

Das pragmatische Paradox des gedoppelten Menschen hat seit Weber an Schärfe eher gewonnen als verloren. Es ist an der Zeit, daß wir unsere Stellung zu diesem Dilemma revidieren. Dabei kann es, um dies zu wiederholen, nicht darum gehen, die logische Geltung der Trennung von Wissenschaft und Werturteil anzuzweifeln. Wohl aber können wir die Akzente verlagern. Wissenschaft und Werturteil begegnen einander an vielen Punkten. Niemand wird einer ideologisierten Wissenschaft das Wort reden wollen, die ihre Aussagen bewußt oder unbewußt wertend verfälscht, also wissenschaftliche Theorien als moralische Präzepte oder Werte als Wissenschaft ausgibt. Hier ist Max Weber ebensowenig überholt wie K. Mannheim, Th. Geiger und andere Kritiker der Ideologie. Doch widerspricht es den Thesen dieser Kritiker nicht, vom Soziologen zu fordern, daß er seine Probleme unter dem Gesichtspunkt ihrer Bedeutung für das Individuum und seine Freiheit auswählt. Es besteht keine Gefahr für die Reinheit wissenschaftlichen Tuns, wenn der Soziologe solche prüfbaren Theorien vorzieht, die dem Recht und der Fülle des Einzelnen Rechnung tragen. Es ist methodisch durchaus unverdächtig, bei der wissenschaftlichen Beschäftigung mit der Gesellschaft den Gedanken an die mögliche Anwendung von Resultaten zum Nutzen und Wohl des freien Einzelnen nicht aus den Augen zu verlieren.

Hinter diesen spezifischen Forderungen steht noch ein anderes, Wichtigeres. Das pragmatische Paradox des doppelten Menschen läßt sich durch keine Kritik endgültig lösen. Es bleibt das Dilemma, das nur unser Handeln halbwegs befriedigend zu bewältigen vermag. Sowohl *homo sociologicus* als auch der freie Einzelne sind Teile unserer praktischen Welt und ihres Verständnisses. Die erste Forderung an den Soziologen ist daher die, daß er das Dilemma erkennt und seine Dringlichkeit in keinem Augenblick vergißt. Wer die Melancholie der Unzulänglichkeit einer soziologischen Wissenschaft vom Menschen nicht zu ertragen vermag, sollte dieser Disziplin den Rücken kehren; denn der Dogmatismus der Soziologie ist schlimmer als gar keine Soziologie. Der Soziologe hat allen Grund, den Historiker um die Möglichkeit zu beneiden, beide, den Menschen Hans Schmidt und seinen entfremdeten Schatten im Gewand sozialer Rollen, in einem Werk zu gestalten, also die Wissenschaft

mit der Kunst zu verbinden. Ihm selbst ist diese Chance versperrt. Um so schwieriger ist es daher für ihn, die Forderung zu verwirklichen, das Dilemma des gedoppelten Menschen bewußt zu ertragen, über *homo sociologicus* den ganzen Menschen nicht zu vergessen. In soziologischen Untersuchungen hat Herr Schmidt unabhängig von seinen Positionen und Rollen keinen Platz. Es wäre zudem ermüdend und wenig überzeugend, wollte der Soziologe jeder seiner Aussagen die Klausel anfügen, daß diese sich nur auf den Rollenspieler, nicht aber den Menschen Schmidt bezieht. Soll die Soziologie nicht zum Instrument der Unfreiheit und Unmenschlichkeit werden, so ist mehr vom Soziologen verlangt. Das Bewußtsein des ganzen Menschen und seines Anspruches auf Freiheit muß als Hintergrund jeden Satz, den er spricht oder schreibt, bestimmen; die Gesellschaft muß ihm stets nicht nur als Tatsache, sondern als Ärgernis gegenwärtig sein; das moralische Ungenügen seiner Disziplin muß als leidenschaftlicher Unterklang sein Tun an jedem Punkt begleiten. Nur wenn an die Stelle des unfreiwilligen praktischen Effekts einer scheinbar reinen soziologischen Wissenschaft das Bewußtsein und die Bejahung der Wirkung zum Wohle des Einzelnen und seiner Freiheit tritt, besteht die Chance, das Dilemma des doppelten Menschen in fruchtbringendes Handeln zu übersetzen.
Der Soziologe ist als solcher kein Politiker und soll es auch nicht sein. Schlimmer als dieses Mißverständnis ist jedoch das andere, daß die Soziologie die kritische Distanz zu seinem Tun und zur Gesellschaft aufzugeben habe, um Wissenschaftler zu sein. Die Abstinenz des Nichtwählers schlägt immer für die stärkere Partei zu Buch. Es gibt in der Sphäre der Praxis keine konsequenzlose Stimmenthaltung. Es ist daher ein schwacher Trost für den Soziologen, daß *homo sociologicus* und der freie Einzelne vor dem Richterstuhl der transzendentalen Kritik als durchaus vereinbare Menschen erscheinen. Nur wenn er die Probleme seiner Forschung unter dem Aspekt ihres Gewichtes für die Befreiung des Einzelnen vom Ärgernis der Gesellschaft auswählt, seine Theorien im Hinblick auf die Erweiterung des Spielraums des Einzelnen formuliert, den Gedanken an politische Veränderungen zugunsten des freien Einzelnen nicht scheut und in keinem Augenblick über seinem rollenspielenden Schatten den Anspruch des ganzen Herrn Schmidt vergißt, kann er hoffen,

mit seinem Tun dazu beizutragen, den Erdbewohner Mensch vor der Maßlosigkeit der Forderungen des Landesbewohners Mensch zu schützen. Nur dann wird der Soziologe vom Hemmschuh zum Motor der Entwicklung einer Gesellschaft freier Menschen, in der die ärgerliche Tatsache der Gesellschaft und die allzu passive Phantasie unausgefüllter Räume in der aktiven Wirklichkeit frei erfüllter Zeit aufgehoben werden.

Anhang I

Soziologie und menschliche Natur*

I

Daß die Soziologie eine Wissenschaft vom Menschen sei, ist eine jener gefährlichen Ungenauigkeiten, die nicht nur dem Laien den Zugang zur Wissenschaft zu versperren vermag. Natürlich handelt die Theorie der sozialen Klassen ebenso wie die Strukturanalyse der Großstadt und des Bürobetriebes, die Untersuchung familiärer Autoritätsverhältnisse und die Erklärung politischer Revolutionen von menschlichen Dingen. Aber das gilt von den Theorien der Humanbiologie und Psychologie, der Nationalökonomie und Ethnologie nicht weniger als von denen der Soziologie. Und schließlich haben es auch Geschichtsschreibung und Pädagogik, Jurisprudenz und Philologie, Medizin und Kunstgeschichte wissenschaftlich mit menschlichen Dingen zu tun, ohne daß ihre Beschreibung als Wissenschaften vom Menschen Wesentliches über sie auszusagen vermöchte.

Es ist auch nicht so, daß jede der erwähnten (und nichterwähnten, aber dazugehörigen) Disziplinen etwa einen Teilaspekt aus der Gesamtproblematik des Menschen behandelte, so daß »der Mensch« gewissermaßen der synthetische Gegenstand aller dieser Wissenschaften wäre. Der Fehler in der Rede der »Wissenschaften vom Menschen« (wie natürlich auch der »Naturwissenschaften«) liegt vielmehr in der prinzipiellen Implikation, daß man wissenschaftliche Disziplinen überhaupt von ihrem sogenannten Gegenstand her abgrenzen könne. Tatsächlich wäre die prästabilierte Harmonie zwischen der Enzyklopädie der Wissenschaften und der Gliederung der Welt, die eine solche Zuordnung von Gegenständen und Wissenschaften voraussetzt, eine sehr gewagte Annahme. Es empfiehlt sich wohl, vorsichtiger zu vermuten, daß der Umkreis der Probleme,

---

* Aus »Wege zur Pädagogischen Anthropologie«, hrsg. von A. Flitner (Heidelberg 1963); S. 110 ff.

die unter dem Namen einer bestimmten wissenschaftlichen Disziplin abgehandelt werden, durch grundsätzlich willkürliche Traditionen bestimmt wird und daher steter Ausdehnung oder Beschränkung unterliegt. So kann es geschehen, daß Fragen, die vor einem Jahrzehnt noch als Forschungsobjekt der Vertreter einer Disziplin galten, heute von denen, die sich mit demselben Etikett beschreiben, entrüstet zurückgewiesen werden [1]. Wahrscheinlich ist die akademische Anerkennung einer neuen Disziplin stets ein Vorgang zunehmender Verengung und Verfestigung solcher Traditionen.

Nun wäre es offenkundig übertrieben zu behaupten, daß die Soziologie bereits jenes Maß an verfestigtem Consensus über ihre Probleme und Forschungsansätze erreicht hätte, das ältere Disziplinen auszeichnet. Noch immer ist das, was Soziologen Soziologie nennen, ein bunter Strauß von sehr unterschiedlichen Problemen, Aussageweisen und Erkenntnisansprüchen – ganz zu schweigen von dem, was unter Nichtsoziologen als Soziologie gilt. Wer die Tendenzen zu vorzeitiger ständischer Schließung auf der Grundlage eines gelegentlich fast zwanghaft anmutenden Consensus etwa in der amerikanischen Soziologie kennt, wird das Bestehen einer lebhaften Konkurrenz von Auffassungen über den Auftrag der Soziologie in Europa auch keineswegs bedauern; hier wie stets ist der Konflikt ein Motor des Fortschritts. Doch bahnt sich in der neueren Soziologie unverkennbar ein gewisser Consensus über die Frage an, in welcher Weise menschliches Verhalten in Theorien figuriert, die allgemein als soziologisch bezeichnet werden. Symptom dieses Consensus ist die zunehmende Verwendung eines bestimmten Satzes von Kategorien, zu denen vor allem gehören: Position, Rolle, Rollenwartung und Sanktion.

Eine verbreitete Erfahrung, für die die Dichtung aller Zeiten zahlreiche Belege liefert, besagt, daß Menschen einander immer in gewissen Eigenschaften bzw. als Träger bestimmter *Positionen* gegenübertreten: der Vater dem Sohn, der Kollege dem Kollegen, der Chef dem Angestellten, der Deutsche dem Franzosen usw. Jede solcher

---

[1] Ein Beweis und zugleich eine weitere Illustration dieser These liegt auch in der Tatsache, daß der Umfang von Disziplinen gleichen Namens – etwa der Soziologie, der Psychologie, der Sozialpolitik – in verschiedenen Ländern sehr unterschiedlich ist.

sozialen Positionen, von denen wir stets eine Vielzahl innehaben müssen, weil Gesellschaft ohne ein Maß an innerer Differenzierung nicht denkbar ist [2], definiert ein Feld sozialer Beziehungen. Indem wir »Lehrer« sagen, sagen wir (und zwar natürlich nicht analytisch, sondern synthetisch) »Lehrer-Schüler«, »Lehrer-Lehrer«, »Lehrer-Schulverwaltung«, »Lehrer-Eltern«, d. h. konstituieren wir ein Feld von Positionen um das Zentrum der jeweils in Frage stehenden Position herum. Theoretisch ist jede Gesellschaft als ein großes, allerdings auf Grund der Verschiedenartigkeit sozialer Positionen mehrdimensionales [3] Feld solcher Beziehungen darstellbar. Auf dieser Möglichkeit beruhen neuere Versuche, soziale Prozesse von elektronischen Apparaturen simulieren zu lassen.

Aber die Positionsstruktur der Gesellschaft gewinnt Leben erst durch die Tatsache, daß wir, indem wir etwas sind, immer bestimmte Dinge tun, oder genauer, daß jede soziale Position uns nicht nur in ein Feld anderer Positionen, sondern auch in einen Horizont mehr oder minder spezifischer *Erwartungen* an unser Handeln stellt. Zu jeder Position gehört eine *soziale Rolle,* d. h. eine Menge von Verhaltensweisen, die dem Träger der Position in einer bestimmten Gesellschaft aufgegeben sind. Amerikanische Soziologen bezeichnen die Rolle gern als den »dynamischen Aspekt der Position«; richtiger wäre es wohl, sie als den Inhalt der leeren Form sozialer Positionen zu beschreiben.

Eine Vielzahl begrifflicher und theoretischer Fragen schließen sich an diesen Ansatz an, die hier jedoch außer acht bleiben dürfen [4]. Wichtig für den Fortgang unserer Überlegung ist allenfalls der Hin-

---

[2] Der Satz des Aristoteles: »Aus ganz Gleichen entsteht kein Staat« (Politik 1261 a) erlaubt auch diese – sachlich richtige – Interpretation, daß ein Mindestmaß an Arbeitsteilung und sozialer Schichtung, also Differenzierung der Art und des Ranges mit Gesellschaft immer schon gedacht ist. Allerdings sind es für die soziologische Analyse (im Gegensatz zu Aristoteles) nicht die Menschen, die sich nach Art und Rang unterscheiden, sondern »nur« ihre sozialen Positionen.

[3] Gemeint ist hier, daß Herr X »als Lehrer« in einem, »als Vater« in einem zweiten, »als Deutscher« in einem dritten usw. usw. Feld steht, so daß »eine Gesellschaft« eine höchst komplexe Struktur sämtlicher Positionsfelder darstellt.

[4] Einige dieser Fragen werden oben, in den Hauptstücken des Essays, etwas ausführlicher behandelt.

weis, daß soziale Positionen und Rollen auch dann, wenn wir uns um sie bemühen können, wenn es sich also um erwerbbare Positionen handelt, natürlich nicht willkürlich sind. Das Feld von Beziehungen, in das sie uns stellen, und der Satz von Erwartungen, der sich mit ihnen verbindet, sind in dem Augenblick, in dem wir zum Träger der Position und Spieler der Rolle geworden sind, für uns verbindlich. Dafür, daß wir uns dieser Verbindlichkeit nicht entziehen, sorgt das System sozialer *Sanktionen*, d. h. der geltenden Belohnungen für konformes und Bestrafung für abweichendes Verhalten.

Mit den Mitteln dieser wenigen (und hier nur unzulänglich erläuterten) Kategorien läßt sich jener Satz formulieren, der implizite oder explizite am Anfang aller Forschung und Konstruktion der neueren Soziologie steht: *Der Mensch verhält sich rollengemäß*. Vom Menschen ist also in soziologischen Analysen zunächst nur so die Rede, als ob er den Erwartungen, die sich an seine sozialen Positionen knüpfen, sämtlich entspräche. Diese Abstraktion, das wissenschaftliche Modell der Soziologie, können wir »homo sociologicus« nennen. Wollte man böse sein, so könnte man sagen, die Soziologie sei die Wissenschaft und daher das »Instrument des Konformismus«; weniger böse und auch strenger müßte es heißen: soziologische Theorien beruhen auf der Annahme, daß soziale Rollen mit menschlichem Verhalten gleichgesetzt werden können.

Der Versuch, die wissenschaftlichen Implikationen dieses Satzes zu erörtern, würde nicht weniger als eine Enzyklopädie der Sozialwissenschaft verlangen: Da ist die Frage des Zusammenhanges der erwähnten Kategorien mit den (übrigen?) Grundbegriffen der Soziologie »Norm« und »Herrschaft«. Da ist die Frage der Wechselwirkung von Individualpersönlichkeit (im Sinne der neueren psychologischen Theorie) und sozialer Rolle. Da ist die große Problematik der Rollentheorie: Gibt es typische »Rollen-Mengen« (Merton), die in gegebenen Gesellschaften auf einzelne entfallen? Welche strukturelle Bedeutung hat die Unterscheidung von erworbenen und zugeschriebenen Positionen? Wie lassen unvereinbare Rollenerwartungen oder Rollen sich bewältigen? Unter welchen Bedingungen und in welcher Weise verändern sich soziale Rollen? Und mit solchen Fragen geht dann die Rollentheorie sehr rasch in die allgemeine Soziologie über, die in jeder Fragestellung den Bezug auf Begriff, empirische Ermittlung des konkreten Inhalts und Analyse sozialer Rollen verrät und überdies als ganze stets vom Menschen als »soziologischem Menschen« handelt.

II

Daß eine Kategorie wie die der Rolle und, mehr noch, ein Postulat wie das des rollengemäßen Verhaltens über den soziologischen Anwendungsbereich hinaus von Bedeutung ist, ist nun allerdings ein Sachverhalt, der auch Soziologen nicht verborgen bleiben konnte (wenngleich man ihm, wohl nicht zufällig, in Europa sehr viel mehr Aufmerksamkeit schenkt als in der amerikanischen Soziologie). Was es mit dieser außersoziologischen Bedeutung auf sich hat, läßt sich vielleicht kaum besser beleuchten als durch die Ironie der Gegenüberstellung der ersten Sätze zweier auch sonst recht unterschiedlicher Aufsätze zu diesem Thema. H. Pleßner, in dessen Werk doch eine Grenze von Soziologie und Philosophie schwerlich zu ziehen sein dürfte, schreibt: »Ein zunächst sehr einleuchtender Grundsatz für die Soziologie als Spezialwissenschaft fordert ihre methodische Beschränkung auf das strikt Erfahrbare gesellschaftlicher Erscheinungen. Als empirische Disziplin habe sie sich von philosophischen Spekulationen ein für allemal zu distanzieren...«[5] Einer der kritischen Vertreter dieser empirischen Soziologie dagegen, H. P. Bahrdt, beginnt: »Auf den ersten Blick scheint es fast eine Selbstverständlichkeit zu sein, daß die Soziologie ein ›Menschenbild‹ haben müsse; und es erscheint sogar als wahrscheinlich, daß die Soziologie ein besonderes, aus der Eigenart ihrer Themenstellung und ihrer epochalen Rolle bestimmtes ›soziologisches Menschenbild‹ besitzen könnte.«[6] Es wird aus ihren Formulierungen deutlich (»zunächst«, »auf den ersten Blick«), daß beide, Pleßner und Bahrdt, das Gegen-

---

[5] *H. Pleßner*, Soziale Rolle und menschliche Natur, in: Erkenntnis und Verantwortung, Festschrift für Theodor Litt, hrsg. von J. Derbolav und F. Nicolin, Düsseldorf 1960, S. 150.
[6] *H. P. Bahrdt*, Zur Frage des Menschenbildes in der Soziologie, Europäisches Archiv für Soziologie, Jahrg. II, Nr. 1 (1961); S. 1.

teil von dem begründen wollen, was sie in ihren ersten Sätzen für »einleuchtend« oder »selbstverständlich« erklären; aber die Spannung der beiden Positionen bezeichnet doch sehr zutreffend, daß die Bedeutung des »homo sociologicus« die Grenzen des Faches überschreitet.

Es ist klar, daß die Annahme, alle Menschen verhielten sich stets rollengemäß, empirisch falsch ist. Es gibt kaum einen Menschen, der nicht mehr oder minder häufig gegen die Erwartungen verstößt, die sich an seine sozialen Positionen knüpfen. Man könnte also schließen, daß alle soziologischen Theorien, insoweit sie mit dieser Annahme operieren, auf falschen Voraussetzungen beruhen. Tatsächlich wird dieser Schluß gelegentlich von solchen Laien und auch Wissenschaftlern gezogen, die die Logik der Forschung mißverstehen. Doch sind solche Mißverständnisse nicht eigentlich beunruhigend. Aus der ökonomischen Theorie ist die lange Diskussion darüber, ob das Modell des ständig Nutzen und Nachteil abwägenden homo oeconomicus ein realistisches Abbild des wirtschaftenden Menschen sei, heute eindeutig dahingehend entschieden worden, daß solcher Realismus ganz unnötig sei, solange die mit diesem Modell arbeitenden Theorien kräftige Erklärungen und brauchbare Prognosen liefern. Extreme Vertreter der modernen deduktiven Wissenschaftslogik – vor allem ihr Begründer K. R. Popper – drücken diesen Sachverhalt gelegentlich sogar so aus, daß eine Theorie desto besser sei, je weniger realistisch ihre Annahmen seien. Die Interpretation dieser These hängt offenkundig an der Frage, was denn eine »gute‹ und damit eine »bessere Theorie« ist – eine Frage, die ihrerseits für unseren Zusammenhang wichtig genug ist, um sie an Hand eines Beispiels zu klären.

Eine verbreitete Beobachtung an deutschen Universitäten geht dahin, daß gerade die sogenannten »Arbeiterstudenten«, also Studenten aus Arbeiterfamilien, eine besondere Zuneigung zu farbentragenden Verbindungen entwickeln. Es entspricht dieser Beobachtung, daß sozial Aufgestiegene in stärkerem Maße dazu neigen, ihre Stimme konservativen politischen Parteien zu geben als diejenigen, die im Vergleich zu ihren Eltern ihre Position nicht verändert haben. Wie können wir solche Beobachtungen erklären? – In beiden Fällen liegt eine Form des Rollenkonfliktes vor, nämlich des Konflik-

102

tes zwischen den Erwartungen, die sich an die Betroffenen einerseits als Kinder ihrer Eltern, andererseits in ihren durch Aufstieg erworbenen eigenen Positionen richten. Die Eltern stimmen für eine radikale Partei; in der neuen Sozialschicht der Betroffenen aber wählen viele konservativ. Die Annahme, daß der Mensch sich als homo sociologicus verhält, legt nun den erklärenden allgemeinen Satz nahe: daß der Einzelne in einer Situation des Rollenkonfliktes immer _den Erwartungen den Vorzug geben wird, mit denen sich die stärkeren Sanktionen verknüpfen._ Auf den Einzelfall gewendet, zeigt sich rasch, daß schon für den Arbeiterstudenten, mehr noch für den beruflich bereits Aufgestiegenen, die Sanktionen der Eltern harmlos sind verglichen mit denen der neuen Ranggenossen. Daher wendet sich der Einzelne in diesem Fall gegen seine Eltern. Die Prognose würde lauten, daß das Arbeiterkind, das sozial aufsteigt, im Verlauf dieses Aufstieges seine Ursprünge vielfach verleugnen und verraten wird.

Dies ist ein Beispiel für eine ausgesprochen starke, nämlich erklärungskräftige, daher »gute« soziologische Theorie. Die Theorie ist fruchtbar, weil sie es erlaubt, aus einem allgemeinen Satz bestimmte, präzise und einschränkungslose Prognosen abzuleiten. Auch wird man die Erklärungskraft der Theorie im Hinblick etwa auf das Wahlverhalten aufgestiegener Arbeiterkinder nicht leugnen können. Dies alles gilt, obwohl die der Theorie vorausgesetzte Annahme des Rollenkonformismus offenkundig »unrealistisch« ist in dem Sinne, daß es viele Menschen gibt, die sich nicht in der hier postulierten Weise verhalten. Ich habe gerade dieses Beispiel gewählt, weil es zeigt, wie die Annahmen der soziologischen Theorie im Widerspruch zu moralischen Postulaten (hier: Elternliebe) stehen und dennoch wissenschaftlich fruchtbar sein können. Denn wenn wir nun unsere Annahme des Rollenkonformismus und des Sieges der stärkeren Sanktionen »realistisch« zu gestalten versuchen, dann wird die ganze Theorie zunichte. Sicher ist die Aussage: »Angesichts eines Rollenkonfliktes neigen viele (auch: 60 %) dazu, der Rolle den Vorzug zu geben, mit der sich die stärkeren Sanktionen verknüpfen, andere jedoch (etwa: 25 %) verhalten sich nach moralischen Prinzipien ohne Rücksicht auf soziale Sanktionen und einige (etwa: 15 %) reagieren auf Rollenkonflikte mit völliger Resignation und Inaktivität«[7] – sicher ist diese Aussage »realistischer« als die des Rollenkonformismus; aber erklären kann man mit ihr nichts mehr. In dem Maße, in dem die wissenschaftlichen Theorien zugrunde liegenden Annahmen »realistisch« werden, werden sie differenziert, eingeschränkt, mehrdeutig; im gleichen Maße aber verbieten sie die Deduktion bestimmter Erklärungen oder Prognosen. In diesem Sinne sind Theorien desto besser, je unrealistischer, nämlich stilisierender, bestimmter, eindeutiger ihre Annahmen sind[8].

Dieser methodische Exkurs versetzt uns nunmehr in die Lage, eine strenge Antwort auf die Frage zu geben, wie es mit der metasoziologischen Bedeutung des homo sociologicus, also mit dem Menschenbild der Soziologie steht. Wenn man – was keineswegs alle Soziologen tun – der Soziologie die Aufgabe zuschreibt, im angedeuteten Sinne strenge Theorien zu formulieren, und wenn man die Konstruktion des homo sociologicus in diesem methodischen Kontext sieht, dann impliziert diese Konstruktion in keinem Sinne auch nur die Andeutung eines Menschenbildes. Vielmehr hat F. H. Tenbruck mit seinem nur in der Formulierung nicht ganz glücklichen Schluß in der Sache völlig recht: Die soziale Rolle »ist eine Konstruktion, mit der sich, in den angedeuteten Grenzen, das Verhalten der Menschen als sozialer Wesen berechnen läßt, ohne daß sie Anspruch darauf machen darf, dieses Verhalten in seiner Realität zu erfassen«[9]. Homo sociologicus ist als mindestens stilisierende, tatsächlich wohl empirisch beinahe willkürliche Konstruktion geradezu der ausdrückliche Verzicht auf ein soziologisches Menschenbild – nämlich ein Zeugnis dafür, daß man erklärungskräftige Theorien des sozialen Handelns geben und nicht das Wesen des Menschen richtig und realistisch beschreiben will. Nicht darum also fehlt es der im angedeuteten methodischen Sinne verstandenen Soziologie an einem Menschenbild, weil sie (wie Pleßner immer wieder anzudeuten

---

[7] Die Zahlenangaben in dieser Aussage sind rein fiktiv.
[8] Falls dies nicht offenkundig ist, sei hinzugefügt, daß hier ein sehr rigoroser Standpunkt vertreten wird, der schon bestimmte Wahrscheinlichkeitsaussagen nicht mehr als Theorie anerkennt.
[9] *F. H. Tenbruck*, Zur deutschen Rezeption der Rollentheorie, Kölner Zeitschrift für Soziologie und Sozialpsychologie, 13. Jahrg., H. 1 (1961); S. 29. Die Formulierung ist unglücklich, weil der Plan einer »Berechnung« zur Begründung der Konstruktion »unrealistischer« Annahmen keineswegs hinreicht.

scheint [10]) auf bestimmte Fragen und Aussageweisen »verzichtet«, sondern darum, weil die methodischen Voraussetzungen erfahrungswissenschaftlicher Theorien immer nur Aussagen einer bestimmten Reichweite und Zweckhaftigkeit erlauben und damit auf einer ganz anderen Ebene stehen als philosophisch-anthropologische Aussagen. Paradox und mißverständlich ausgedrückt: auch wenn die Soziologie nach dem Menschen fragt, geht es ihr der Sache nach nicht um den Menschen, sondern um Mittel und Wege der rationalen Bewältigung seines Tuns. Die Soziologie ist nicht nur als Wissenschaft vom Menschen ganz unzulänglich bestimmt, sondern »der Mensch« ist ihr im Grunde gleichgültig, weil sie mit homo sociologicus sehr viel mehr anfangen kann als mit Aussagen, die das Wesen des Menschen richtig zu treffen suchen.

III

Eine so extreme Grenzziehung von wissenschaftlicher Soziologie und philosophischer Anthropologie war zunächst erforderlich, um das Gewicht des Problems, um das es hier geht, nicht mit leichten Formulierungen zu verringern. Denn obwohl der Schluß, daß die Soziologie als Wissenschaft weder ein Menschenbild hat noch eines solchen bedarf und daß insbesondere homo sociologicus kein solches Menschenbild zu liefern imstande ist, wissenschaftslogisch das letzte Wort zu unserem Problem darstellt, zeigt sich hier einmal mehr, daß die Wissenschaftslogik nur ein Teilbereich der Methodologie ist. Es gibt Erwägungen, die zwar nicht mehr logischer, sondern eher moralischer oder gar politischer Natur sind, die aber dennoch aus einer methodischen Erörterung dieser Art nicht ausgespart werden dürfen. In der Diskussion der letzten Jahre über das Menschenbild der Soziologie ist wiederholt (obwohl nicht immer mit dieser vor allem von Tenbruck verwendeten Kategorie) von der »Reifizierung« des homo sociologicus die Rede gewesen, also davon, daß die bewußt

---

[10] Vgl. *H. Pleßner*, a.a.O., »Dem universalgeschichtlichen Horizontverzicht und dem Verzicht auf psychologische Motivanalyse steht als erhoffter Gewinn die Einsicht in die inneren Gleichgewichte gegenüber, welche das soziale Leben des Menschen bedingen und somit ihre Vergesellschaftung tatsächlich ermöglichen.«

unrealistische Annahme für Zwecke guter Theorien als philosophisch-anthropologische Aussage umgedeutet oder mißverstanden wird [11]. Natürlich ist es leicht und auch nötig, sich gegen eine solche Reifizierung von Postulaten zu wehren. Aber zuvor muß doch wohl die Frage gestellt werden, ob es nicht möglicherweise gewisse Eigenarten der Sozialwissenschaft und insbesondere der Soziologie gibt, die die Reifizierung von Kategorien und Postulaten zumindest sehr nahelegen, wenn nicht sogar empirisch nahezu unvermeidlich machen. Ich glaube, daß es solche Eigenarten gibt und daß erst von diesen aus das eigentliche methodische Problem eines soziologischen Menschenbildes erkennbar wird.

Oben war ausdrücklich von einer Voraussetzung die Rede, unter der homo sociologicus keinerlei anthropologische Inplikationen hat – nämlich der, daß man die Soziologie als Erfahrungswissenschaft versteht. Es war auch davon die Rede, daß diese Voraussetzung keineswegs allgemeine Anerkennung findet. In der Tatsache, daß der Auftrag und das Vorgehen der soziologischen Erkenntnis von vielen ganz anders gesehen werden, liegt denn auch der erste Grund dafür, daß es nicht zureicht, die Reifizierung bloß mit logischen Argumenten zu begegnen. Es gibt mehrere »Schulen soziologischen Denkens«, für die die hier zugrunde gelegte Voraussetzung keine Geltung hat: diejenigen, die in Fortführung der Diltheyschen Tradition des Irrationalismus die Möglichkeit strenger Theorien in den sogenannten »Geisteswissenschaften« prinzipiell leugnen; diejenigen, die diese Möglichkeit zwar anerkennen, die Aufgabe der Soziologie aber dennoch in einer »verstehenden Analyse« nach dem Muster der Geschichte, also in einem möglichst hohen Maß an »Realismus« (und Deskription) sehen; diejenigen, denen die Unterscheidung zwischen überprüfbaren und spekulativen Aussagen, damit die zwischen soziologischen Theorien und philosophisch-anthropologischen Sätzen gleichgültig scheint. Für sie alle muß die Rede von einer bewußt »unrealistischen« Fiktion des homo sociologicus zum ausschließlichen Zweck der Formulierung erklärungskräftiger Theorien unsinnig oder zumindest unglaubhaft erscheinen. Da die Vertreter dieser Schulen den erkenntnistheoretischen Ausgangspunkt

---

[11] Daß Tenbruck ausgerechnet mir solche Reifizierung vorwirft, ist allerdings einigermaßen grotesk. Vgl. dazu unten Abschnitt IV.

des Postulats rollenkonformen Verhaltens nicht anerkennen, liegt subjektiv nicht einmal eine »Reifizierung« in ihrer Unterstellung, homo sociologicus sei nichts anderes als eine Anthropologie unter dem Mäntelchen der Wissenschaft. Solange indes die Geisteswissenschaftler und philosophischen Soziologen so zahlreich sind wie in der europäischen Soziologie (und zwar – wenn dies ohne allzuviel Verwirrung zu stiften, hinzugefügt werden darf – nicht zu deren Schaden), reicht es nicht aus, die nominalistische Epistemologie und die ihr zugehörige Wissenschaftslogik ad nauseam zu wiederholen, um der objektiven Reifizierung soziologischer Postulate zu begegnen. Noch schwerwiegender ist ein zweiter Grund für die Unzulänglichkeit des rein logischen Arguments, denn dieser dürfte sich unter keinen Umständen aus der Welt schaffen lassen. Öffentlichkeit ist eine Bedingung der Möglichkeit der Wissenschaft; der Gedanke einer »Geheimwissenschaft« enthält eine contradictio in adiecto [12]. Nun heißt Öffentlichkeit in den traditionellen Wissenschaften (unter Einschluß noch der Ökonomie) im wesentlichen Fachöffentlichkeit, also Diskussion im Kreis methodisch Gleichgesinnter, oder genauer, Diskussion im Kreis von Menschen, die sämtlich das zweite Leben der Wissenschaft und seine moralischen Konventionen kennen. In den neueren Sozialwissenschaften, aber auch in der Psychologie, verändert sich jedoch die Situation. Hier bedeutet Öffentlichkeit nicht selten »breite Öffentlichkeit«, d. h. soziologische, sozialpsychologische, psychologische Veröffentlichungen werden von vielen Menschen gelesen, die nie daran gedacht haben, sich auf das Experiment der wissenschaftlichen Existenz einzulassen. Es wäre ernstlich unrealistisch, wollte man als Sozialwissenschaftler diese öffentliche Wirkung der eigenen Forschung (die sich auch, wenngleich keineswegs nur an den Auflageziffern der Fachpublikationen ablesen läßt) übersehen. Die »breitere Öffentlichkeit« jedoch hat keinerlei Verständnis für die subtile Unterscheidung zwischen »realistisch« gemeinten Aussagen und bewußt »unrealistischen« Postulaten; in der Tat liegt in solchen Postulaten eine fundamentale Abweichung

---

[12] Dieser hier dogmatisch formulierte Satz ist an sich keineswegs selbstverständlich – vor allem in dem Land, das die Absurdität der »inneren Freiheit« erfunden hat. Doch folgt dieser Satz aus einer Logik der Forschung, die von der prinzipiellen Ungewißheit menschlicher Erkenntnis ausgeht.

von der Welt des common sense, die denn auch den ersten Gegensatz zwischen Wissenschaft und common sense begründet [13]. Hier wird homo sociologicus als die wissenschaftliche Wahrheit [14] vom Menschen verstanden. Nirgends wird das Falsche an der Rede von der »Verwissenschaftlichung« unserer Welt so deutlich wie gerade an Beispielen dieser Art: Möglicherweise ist die Zahl der Menschen, die sich an Hand von wissenschaftlichen Theorien oder Forschungsergebnissen über ihre Welt zu orientieren versuchen, heute größer als je zuvor; das Verständnis für die Eigenart wissenschaftlicher Aussagen ist jedoch heute so gering wie eh und je. Daß Wissenschaft Erkenntnis in logischer Supposition ist, daß wissenschaftliche Aussagen oft keineswegs wörtlich genommen sein wollen, daß vor allem Wissenschaft keine Gewißheit vermittelt, wissen nach wie vor allenfalls die, die selbständig mit der Mühe, die Welt der Erfahrung im Netz unserer Theorien zu fangen, umgehen. Weil aber die Öffentlichkeit, die von der Beobachtung der wissenschaftlichen Forschung nicht ausgeschlossen werden kann und soll, den homo sociologicus reifizierend mißverstehen muß, steht der Soziologe vor dem Zwang der Stellungnahme zu diesem Mißverständnis.

Es ist eine alte Frage, ob Menschen für die unbeabsichtigten Konsequenzen ihres Tuns verantwortlich gemacht werden können. Natürlich ist mancher große Lehrer auf Grund seiner eigenen Motivation von seinen Schülern freizusprechen; auch kann man munter darüber streiten, ob Marx an der Sowjetunion schuld hat. Doch hat möglicherweise eine Art rechtspositivistischer Haltung hier manches für sich. Es gibt so etwas wie eine fahrlässige Verfehlung des Soziologen, der angesichts des Unheils, das seine Theorien anrichten, seine Hände in der Unschuld der reinen Wissenschaftslogik wäscht. Weil die Postulate der soziologischen Analyse mit einer gewissen Wahrscheinlichkeit (um nicht zu sagen: mit Sicherheit) sowohl innerhalb als auch außerhalb der Disziplin mißverstanden werden, muß sich der Soziologe aus dem bequemen Asyl seiner logischen Recht-

---

[13] Diese Feststellung ist hier ohne Werturteil und jedenfalls nicht als Abwertung des common sense zu verstehen.
[14] Schon der Ausdruck »wissenschaftliche Wahrheit« ist im Grunde nur ironisch vertretbar. Daß Wissenschaft unumstößliche Wahrheit vermitteln kann, ist einer der folgenschweren Irrtümer des common sense.

schaffenheit heraus- und in das Getümmel der moralischen Auseinandersetzung hineinbegeben, d. h., muß er zu den anthropologischen Interpretationen seiner mißverstandenen Theorien Stellung nehmen.

Natürlich präjudiziert die Notwendigkeit einer soziologischen Stellungnahme noch in keiner Weise die Stellungnahme selbst. Für diese kann nur eines einigermaßen dogmatisch verlangt werden: die Feststellung, daß es nicht die Absicht des Soziologen war, etwa mit der Konstruktion des homo sociologicus ein Menschenbild zu entwikkeln. Aber eben diese logische Feststellung haben wir ja nunmehr als unzulänglich erkannt. Der nächste Schritt der Stellungnahme ist jedenfalls selbst schon anthropologischer, damit immer auch wertender und – wenn man so will – moralischer Art. Der Soziologe wird sich nämlich zu der Möglichkeit der Reifizierung seiner Postulate in der Weise stellen müssen, daß er diese – als anthropologische Aussagen in gewissermaßen zufälligem Zusammenhang zu gleichlautenden theoretischen Annahmen – bejaht oder verneint. Schon um den logischen Status seines Bemühens über jeden Zweifel zu erheben, muß der Soziologe bekennen, ob er einem Menschenbild anhängt, das dem reifizierten homo sociologicus zum Verwechseln ähnlich sieht, oder ob er diesen für ein Zerrbild dessen hält, was ihm der Mensch in seiner moralischen (zum erkenntnistheoretischen Unterschied von der wissenschaftlichen) Gestalt gilt. Faktisch also braucht die Soziologie bzw. genauer: braucht der einzelne Soziologe mindestens jenes Rudiment eines Menschenbildes, das in einer nicht logischen, sondern anthropologischen Stellungnahme zum hypostasiertem homo sociologicus besteht.

IV

Teils implizite, teils explizite liegt die vorstehende Argumentation auch den hier entscheidenden letzten Teilen meine *homo sociologicus* zugrunde [15]. Dieser Essay hat erfreulich viele ebenso gründliche wie heftige Kritiker unter den Fachkollegen gefunden, von

---

[15] Gemeint sind hier die Teile IX und X mit ihrer Erörterung des »pragmatischen Paradoxes« des doppelten Menschen.

denen die meisten allerdings vor allem die besondere Form anthropologischer Stellung bekämpfen, mit der ich der hier noch einmal entwickelten Forderung zu begegnen versucht habe. Daneben finden sich auch einige methodische Mißverständnisse. Dies gilt in erster Linie für die Kritik von F. H. Tenbruck, die über weite Strecken auf einer Vermutung beruht, deren Gegenteil richtig ist, nämlich der, daß ich selber den homo sociologicus reifizierte: »Es liegt also bei Dahrendorf eine krasse Reifizierung des nominalen Rollenbegriffes vor ... Seiner gesamten Schrift unterliegt die Überzeugung, daß die von ihm vertretene Definition der Rolle eine Realdefinition sei ...« [16] Ein Mißverständnis liegt jedoch auch bei H. P. Bahrdt vor, der gewissermaßen Eulen nach Athen trägt, wenn er mir entgegenhält: »Es scheint so, als ob der schon lange andauernde Zustand der halben Autonomie [der Soziologie – R. D.] bei verbleibender starker Mutterbindung an die Philosophie nicht so rasch beendet werden kann. Auch der Methodenpluralismus, der die innere Konsolidierung der Soziologie verhindert, wird sich nicht beseitigen lassen.« [17]

Ein gewichtiger Einwand gegen die methodische Forderung einer Stellungnahme des Soziologen zu seiner Konstruktion des homo sociologicus – d. h., um dies ganz klarzulegen, nicht den Rollenbegriff, sondern das Postulat des rollenkonformen Verhaltens – findet sich bei A. Gehlen [18]. Gehlen vermutet in dieser methodischen Forderung mit Recht ein Verlangen nach (wie er es nennt) »politischer« Stellungnahme. Unter Erwähnung Max Webers weist Gehlen eine solche »unwissenschaftliche« Stellungnahme zurück, insbesondere wenn sie »›propagandistisch‹ wirken [soll], also ermutigend, bestätigend, fördernd usw.«; denn, »ebendann wird sie zur Agitation im wissenschaftlichen Gewande, sei es auch zu Zwecken, die

---

[16] *F. H. Tenbruck*, a.a.O., S. 29. – Die Kritik von Tenbruck, so fruchtbar sie zum Teil im einzelnen ist, beruht genaugenommen auf zwei Mißverständnissen: im ersten Teil auf dem, Homo Sociologicus sei ein Versuch der »Rezeption der Rollentheorie«; im zweiten Teil auf dem, ich verträte einen methodologischen Realismus. Diese (vermeidbaren) Mißverständnisse machen eine ausführliche Erwiderung sehr schwierig.
[17] *H. P. Bahrdt*, a.a.O., S. 16.
[18] *A. Gehlen*, Rezension des »Homo Sociologicus«, Zeitschrift für die gesamte Staatswissenschaft. 6/2 (1961); S. 368–371. Dort auch alle folgenden Zitate.

man billigt. Vom Wissenschaftler muß verlangt werden, daß er in einer gegebenen Gesellschaft lebt, ihre Ordnungen und politischen Grundsätze billigt [sic!] und gerade nicht für sie agitiert...« Daher gebe es keine legitime Forderung an den Soziologen, sich vor der möglichen Reifizierung des homo sociologicus durch wertende Stellungnahme zu schützen, zumal »bei der heute erreichten Reflexionshöhe« ein »wackerer politischer Entschluß in Sachen der Freiheit« trotz aller scheinbaren Determination menschlichen Verhaltens, insoweit es in wissenschaftlichen Theorien figuriert, möglich bleibe. Ähnliches meint wahrscheinlich auch H. Schelsky, wenn seine Kritik der Gegenüberstellung von Menschenbild und reifiziertem homo sociologicus in den Satz mündet: »Das Moralisieren ist aber seit eh und je der größte Feind der Theorie gewesen, besonders in der Soziologie.«[19]

Hier handelt es sich um Fragen der wissenschaftlichen Grundhaltung, die sich (mit einer scheinbaren Ausnahme) nicht verbindlich entscheiden lassen. Nur der Hinweis auf die »heute erreichte Reflexionshöhe« (Schelskys »verwissenschaftliche Welt«) als Begründung der Gefahrlosigkeit mißverständlicher Wissenschaft scheint einer Überprüfung zugänglich. Doch zeigt sich auch hier bei näherer Überlegung sehr bald, daß dieser Hinweis sich weniger auf den meßbaren Grad des Verständnisses für die Inhalte und gar Methoden der wissenschaftlichen Forschung als auf abstraktere, epochale Grundstrukturen bezieht. So bleibt die Frage, ob der Soziologe den »wackeren politischen Entschluß in Sachen der Freiheit« als Privatsache betrachtet und damit den Dingen seinen Lauf läßt, auch wenn sie den Mißverständnissen seiner eigenen Theorien nachlaufen – oder ob er zu jenen anachronistischen »Glücklichen« gehört, »die nur ›aus einem Guß‹ denken und handeln können« (was immer dies heißt) und denen Gehlen die Qualifikation zum »Gelehrten« rundweg abspricht[20]. Angesichts des schrecklichen Bildes einer Welt

---

[19] *H. Schelsky*, Ortsbestimmung der deutschen Soziologie, Düsseldorf-Köln 1959; S. 108.

[20] *A. Gehlen*, a.a.O., »Wer im 20. Jahrhundert zu den Glücklichen gehört, die nur ›aus einem Guß‹ denken und handeln können, hat seine beste Chance als Politiker und nicht als Gelehrter.« Oder: »Dies ist keine wissenschaftliche Fragestellung, der homo sociologicus im Sinne der ersten Alternative ist ein verkleideter homo politicus orientalis.«

hypostasierter homines sociologici ziehe ich den Anachronismus aufklärerischen Moralisierens auch dann vor, wenn die Autorität Max Webers die distanzierte Position von Gehlen und Schelsky zu rechtfertigen scheint. Es hat vielleicht wenig Sinn, über solche dogmatischen Aussagen zu streiten; aber auch der Satz ließe sich verteidigen: daß das Moralisieren seit eh und je der Stachel war, der die Theorie vorantrieb, besonders in der Soziologie.

V

Offenkundig beziehen die Einwände von Gehlen und Schelsky sich bereits nicht mehr bloß auf den methodischen Anspruch auf Stellungnahme des Soziologen zu den wahrscheinlichen Konsequenzen seiner logisch unanfechtbaren Konstruktionen, sondern auf den besonderen Vorschlag einer solchen Stellungnahme, den ich in meinem Essay über den soziologischen Menschen entwickelt habe. Da dieser Vorschlag auch sonst auf heftigen Widerstand gestoßen ist, sei er hier in Kürze rekapituliert.

Leider ist eine von homines sociologici bevölkerte Gesellschaft, also die massenhafte Reifizierung der Grundannahme soziologischer Theorien, heute nur allzuleicht vorstellbar. Die »einsame Masse« kommt dieser Vorstellung ebenso nahe wie die totalitäre »Demokratie ohne Freiheit«. Auch ist die Idee keineswegs abwegig, daß die mißverstandene soziologische Theorie sowohl als Ideologie amerikanischer Kleinstädte als auch als Instrument sowjetrussischen Terrors dient. Noch steht die Soziologie am Anfang ihrer wissenschaftlichen Entwicklung; und doch kann sie schon – gegen den Willen, wennschon oft nicht gegen die Taten ihrer Vertreter – zu einem Instrument der Unfreiheit werden, wie es noch vor einem halben Jahrhundert nur die utopische Phantasie kannte. Angesichts solcher Befürchtungen scheint es mir nötig, daß der Soziologe nicht nur zur Reifizierung seiner Konstruktion des Menschen Stellung nimmt, sondern in der Weise Stellung nimmt, daß er sein Menschenbild zumindest negativ vom homo sociologicus abhebt. Der Soziologe sollte erklären, daß die menschliche Natur für ihn durch das Prinzip des Rollenkonformismus jedenfalls nicht richtig beschrieben

wird, daß also nahezu ein Gegensatz zwischen seiner für die Zwecke der Theorie fruchtbaren Konstruktion und seiner Idee der menschlichen Natur besteht.
Dieses zunächst bloß private Menschenbild läßt sich auf verschiedenerlei Weise erfüllen. Ich würde meinen, daß hier ein geeigneter Ort ist, um kritisch auf den größten Denker der eigentlichen, nämlich vorhegelianischen Aufklärung, auf Kant zurückzugehen [21]. Was wir in der soziologischen Theorie auf keinen Fall vom Menschen erfahren, ist seine moralische Qualität, also der Mensch, wie wir ihn in der Welt des Handelns erkennen. Diese moralische Qualität des Menschen stellt ihn in eine prinzipielle Distanz von allen Ansprüchen der Gesellschaft; sie ist das an ihm, was ihn befähigt, sich zu den hypostasierten Gesetzmäßigkeiten der soziologischen Theorie zu stellen. Wir können manches Phänomen sinnvoll erklären, indem wir den Erziehungsprozeß als einen Prozeß der Sozialisierung des Einzelnen verstehen – aber anthropologisch, d. h. moralisch, ist uns die Möglichkeit ausschlaggebend, daß der Einzelne sich gegen die gesellschaftlichen Ansprüche behauptet. Die Annahme des Rollenkonformismus erweist sich wissenschaftlich als außerordentlich fruchtbar – doch ist moralisch die Annahme eines permanenten Protestes gegen die Zumutungen der Gesellschaft sehr viel fruchtbarer. Daher läßt sich ein Bild des Menschen entwickeln, in dem dieser als unablässige Möglichkeit der moralischen Aufhebung aller in Vorstellung und Wirklichkeit der Gesellschaft liegenden Entfremdungen erscheint. Es bedarf vielleicht nicht der Erwähnung, daß auch dies mehr der Rahmen als der Inhalt eines Menschenbildes ist; das privativ-abgrenzende Element steht auch in diesen Formulierungen noch im Vordergrund. Solche Skepsis scheint jedoch angemessen für den, der zunächst an soziologischer Analyse interessiert ist: Zwar darf der Soziologe sich der Forderung nach Stellungnahme zur reifizierten Gestalt seiner Konstruktionen nicht entziehen; doch braucht seine Stellungnahme nur so weit zu gehen, wie die Abwehr des Mißverständnisses es verlangt [22].

[21] Einem solchen Vorgehen stehen in Deutschland gewisse geistesgeschichtliche Vorurteile im Wege (»man kann Kant nicht ohne Hegel verstehen«); gerade darum ist die Erinnerung an die aufklärerische Tradition des Westens wichtig.
[22] Dies ist methodisch ein Einwand gegen das Argument der »Unbestimmtheit«, das J. Janoska-Bendl gegen die Begriffe des »Individuums« und der »Frei-

Die meisten Kritiker eines solchen Entwurfs privativer Anthropologie argumentieren vor allem gegen die sehr unmittelbare Identifizierung von Rollenspiel und Unfreiheit. So zeigt H. P. Bahrdt an Hand einiger einleuchtender Überlegungen, daß Menschen sowohl für die Theorie als auch in ihrem reifizierenden Mißverständnis die Möglichkeit haben, ihre sozialen Rollen individuell zu prägen [23]. Dies ist gewiß richtig; denn: »Freiheit im Sinne der Abwesenheit von Zwang steht zur Tatsache des sozialen Rollenspiels nicht im Widerspruch. Darin besteht ja die Eigentümlichkeit der Rollendefinition durch Erwartungen, daß Erwartungen nur in den allerseltensten Fällen den Charakter des Zwanges annehmen.« (J. Janoska-Bendl [24].) Nicht nur lassen Rollen dem Einzelnen stets einen zu eigener Erfüllung gewissermaßen freigelassenen Bereich, sondern es gibt auch das Phänomen der erfolgreichen Abweichung von Erwartungen, das Merton im Gegensatz zum »Rückzug« (»retreatism«) als »Rebellion« (»rebellion«) bezeichnet, weil es zum Wandel sozialer Strukturen führt [25]. Doch ist es wohl kein Zufall, daß Bahrdt diese Argumentation zu seiner These vom »Menschen als nicht voll anpassungsfähigem Wesen« hinführt: auch dies eine vom Standpunkt der soziologischen Analyse privative Anthropologie, die den logischen und moralischen Forderungen genügt, von denen hier die Rede war.

Einen Schritt weiter geht der sowohl von Tenbruck als auch von A. Cuvillier geäußerte Einwand, die Rede vom Menschen in Absehung von seiner Sozialgestalt sei entweder irreführend oder gänzlich unsinnig. Cuvillier sieht in solchen Formulierungen eine Verwechslung von »Individualität« und »Persönlichkeit« und verweist

---

heit« in meinem Homo Sociologicus vorbringt (*J. Janoska-Bendl*, Probleme der Freiheit in der Rollenanalyse, Kölner Zs. für Soziologie, Jg. 14, H. 3, 1962, S. 467, S. 470). Sachlich allerdings kann am Sinn des Unternehmens der Präzisierung, das Frau Janoska-Bendl auf sich genommen hat, kein Zweifel bestehen.

[23] *Bahrdt* (a.a.O., passim) spricht immer wieder von der »Eigenleistung [des Einzelnen – R. D.] bei der Konkretisierung der Rollenerwartung.«

[24] *J. Janoska-Bendl*, a.a.O., S. 468.

[25] *R. K. Merton*, Social Structure and Anomie, Social Theory and Social Structure, Glencoe, 2. Auflage, 1959. »Retreatism« ist etwa die Haltung des Kriminellen, dessen Nonkonformität die Normen bestätigt und nicht verändert; »rebellion« dagegen die des radikalen Politikers, der sich durchsetzt.

auf Durkheims These, daß die Persönlichkeit sich überhaupt nur in der Gesellschaft zu realisieren vermag [26]. Tenbruck geht etwas unvorsichtig noch einen Schritt weiter und sagt, »daß Soziologie und Sozialpsychologie, und zwar unabhängig voneinander, gezeigt haben, daß der rollenlose Mensch überhaupt nicht existiert und nicht existieren kann« [27]. Dies ist – ich zögere, es zu sagen, weil Tenbruck gegen mich denselben Vorwurf erhebt [28] – Reifizierung (oder Soziologismus), nämlich die unkritisch realistische Interpretation wissenschaftlicher Annahmen! Die Tatsache, daß die Kategorie der Rolle sich in Soziologie und Sozialpsychologie zur Erklärung menschlichen Verhaltens als nützlich erweist, besagt schlechterdings nichts über die Realexistenz von rollenhaften oder rollenlosen Menschen; sie ist daher auch prinzipiell völlig irrelevant für die Ausgangspunkte und Schlüsse einer philosophischen Anthropologie. (Und wenn diese Anthropologie sich auf soziologische, sozialpsychologische oder ethnologische Forschungen beruft, um sich als »wissenschaftlich« zu etablieren, dann liegt darin absichtliche oder ignorante methodische Täuschung.) Der – anthropologische – Satz also, daß die menschliche Persönlichkeit sich nur in der Gesellschaft zu realisieren vermag, folgt nicht aus der Rollenanalyse und schließt auch die Notwendigkeit nicht aus, ein moralisches Bild der menschlichen Person dem Gespenst des hypostasierten homo sociologicus gegenüberzustellen.

Besonders schwerwiegend scheint dagegen ein Einwand, den H. Pleßner begründet und den dann auch Tenbruck an einem Punkt seiner Kritik zu übernehmen scheint und Frau Janoska-Bendl zumindest impliziert. Dieser ist methodisch darum so treffend, weil er genau jene Ebene der pragmatischen Logik trifft, von der ich hier ausgegangen bin. Pleßner argumentiert nämlich, daß die Gegenüberstellung der moralischen Persönlichkeit des Menschen und dessen, was Gesellschaft für den Einzelnen bedeutet, nicht nur die leidige Dichotomie von privater und öffentlicher Existenz wiederbe-

---

[26] *A. Cuvillier*, Rezension des »Homo Sociologicus«, Kyklos, Fasc. 4. 1959; S. 664 f.
[27] *F. H. Tenbruck*, a.a.O., S. 31.
[28] Ein bißchen besteht nämlich die Gefahr, daß die Soziologen von heute sich in ähnlicher Weise ständig gegenseitig der »Reifizierung« zeihen, wie die Denker der Hegelschen Linken einander endlos als »Noch-Theologen« beschimpften.

lebe, sondern auch noch für die private Existenz optiere und damit dem »unpolitischen Deutschen« Schützenhilfe leiste: »Findet sich die Soziologie dazu bereit, das Sein in einer Rolle von dem eigentlichen Selbstsein grundsätzlich zu trennen und dieses gegen das Ärgernis der Gesellschaft auszuspielen (wie das Dahrendorf kürzlich noch mit seinem homo sociologicus getan hat), dann gibt sie dem antigesellschaftlichen Affekt, gewollt oder ungewollt, neue Nahrung. Die Sphäre der Freiheit mit der der Privatheit, und zwar in einem außersozialen Sinne, gleichgesetzt, wohlgemerkt, um sie unangreifbar zu machen, verliert jeden Kontakt zur Realität, jede Möglichkeit gesellschaftlicher Verwirklichung.«[29] Deutlicher noch, und in Anknüpfung an eine andere Schrift von Pleßner, verweist Tenbruck auf die deutsche »Tradition, die Gesellschaft und Individuum trennt und im gesellschaftlichen Sein eine Entfremdung erblickt, wovon die Geschichte der Literatur, der Philosophie wie der Politik beredtes Zeugnis bringen. Hier verleiten die gesellschaftlichen Traditionen wie der Denkansatz in der Behandlung gesellschaftlicher Fragen zu eben dem Mißverständnis, in dem die soziologischen Begriff ihren Sinn verkehren«[30]. Frau Janoska-Bendl fragt sehr zurückhaltend und doch in der Sache bestimmt, »warum in Ansehung des rollenhaften weil vergesellschafteten Menschen die Hegelsche – oder auch Marxsche – dialektische Möglichkeit der Lösung nicht einmal erwogen wird«, nachdem sie vorher die auch von Pleßner und Tenbruck gemeinte Chance angedeutet hat, daß der Einzelne »als reifes soziales Ich imstande [ist], auf die Rolle zurückzuwirken, seine Determination selbst zu determinieren und dadurch – dialektisch – aufzuheben«[31].
Diese Einwände sind zu ernst und zu wichtig, um ihnen mit ein paar flüchtigen Bemerkungen zu begegnen. Es ist ja richtig, daß nichts die der deutschen Geschichte fehlende bürgerliche Revolution deutlicher dokumentiert als der unpolitische Deutsche[32]. Aber hier gilt es

---

[29] *H. Pleßner*, a.a.O., S. 114 f.
[30] *F. H. Tenbruck*, a.a.O., S. 37. Tenbruck bezieht sich hier auf Pleßners Arbeit »Das Problem der Öffentlichkeit und die Idee der Entfremdung« (1960).
[31] *J. Janoska-Bendl*, a.a.O., S. 473, S. 469.
[32] In meinem Aufsatz: Demokratie und Sozialstruktur in Deutschland, in Gesellschaft und Freiheit, München 1961, habe ich selbst die Haltung charakterisiert und kritisiert.

doch, zwei Haltungen voneinander zu scheiden, die nur oberflächlich gewisse Gemeinsamkeiten haben: die des »inneren Emigranten« und die des Liberalen. Pleßner und Tenbruck unterstellen, daß die Konfrontation von Gesellschaft und Individuum und eine Anthropologie, in der die Gesellschaft als Ärgernis fungiert, notwendig zur Abkehr des Einzelnen von sozialen und politischen Dingen und damit zur Verantwortungslosigkeit führen muß – in Analogie zu Heideggers »Theorie von der Verfallenheit im defizienten Modus des Man«, die, wie Pleßner zu Recht bemerkt, »der deutschen Innerlichkeit aus der Seele gesprochen« ist [33]. Dabei übersehen beide, daß es auch eine Konfrontation der beiden – Gesellschaft und Individuum – gibt, in der das Moment des Protestes im Vordergrund steht. Der Einzelne in seiner moralischen Qualität als lebendiger Protest gegen das Ärgernis der Gesellschaft, der »innengelenkte Mensch« von Riesman als anthropologisches Modell, der politische Widerspruch gegen den Totalitätsanspruch der Gesellschaft – diese liberalen Konzeptionen sind es, die mich zu den von Pleßner und Tenbruck beanstandeten Formulierungen geführt haben. Vielleicht können solche Formulierungen gerade in Deutschland mißverstanden werden; so ging es mir gerade nicht um jene prinzipiell skeptische »transzendentale Reflexion«, in der Schelsky sich stellenweise mit mir einig glaubt und Frau Janoska-Bendl uns für einig hält [34]. In der Möglichkeit dieses Mißverständnisses liegt denn auch die Berechtigung der Einwände von Pleßner. Aber daß eine nicht-resignative, politische Anthropologie des Protestes gegen die Entfremdungen der Gesellschaft möglich ist, scheint mir eine der großen Lehren der angelsächsischen Tradition liberalen Denkens.

Frau Janoska-Bendl hat Recht mit ihrer Annahme, daß eine solche Anthropologie eine unversöhnliche Antinomie (um in ihrem Sinne Kant und Kierkegaard zusammenzustellen) enthält. Die Suche nach Versöhnung, an der die deutsche Moralphilosophie seit Fichte krankt, scheint mir auch unter dem schillernden Namen der Dialektik kein Weg in die Freiheit. J. Janoska-Bendl weist vorsichtig darauf hin, daß ihre »Freiheit als Einsicht in die Notwendigkeit« es

---

[33] *H. Pleßner,* a.a.O., S. 140.
[34] Vgl. *H. Schelsky,* a.a.O., S. 108: »R. Dahrendorf kommt ... einer von uns skizzierten transzendentalen Theorie der Soziologie am nächsten.«

»auch [gestattet], zur Freiheit zu zwingen« [35]. Es liegt eine merkwürdige Dialektik der Dialektik in der Tatsache, daß dieses »auch« die regelmäßige Konsequenz des Versuches ihrer Anwendung auf die Wirklichkeit ist. Warum fällt es vielen so schwer, die Freiheit in der antinomischen Existenz des Menschen zu finden? –
H. P. Bahrdt schließt seinen Aufsatz über die Frage des Menschenbildes in der Soziologie etwas resigniert mit der Vermutung, es gebe doch wohl kein verbindliches Menschenbild dieser Art. Hier würde ich ihm in der Sache zustimmen, ohne seine Resignation zu teilen. Die Soziologie ist im Hinblick auf die Erkenntnis der menschlichen Natur in einer schwierigen und nicht widerspruchsfreien Lage. Ihre Theorien haben zunächst mit dem Wesen des Menschen nichts zu tun. Da diese Theorien jedoch Annahmen voraussetzen, die von denen, die die methodischen Konventionen der Forschung nicht kennen oder anerkennen, anthropologisch mißdeutet werden können, darf die Soziologie nicht auf eine Stellungnahme zu solchen Mißdeutungen verzichten. Diese Stellungnahme ist aber der Natur der Sache nach nur in ihrem logischen Gehalt verbindlich. Darüber hinaus gibt es ebensowenig ein soziologisches wie ein allgemein verbindliches Menschenbild, sondern nur Versuche der Erkenntnis, die mehr oder minder überzeugen. Philosophie ist vielleicht immer ein Denken in moralischer Absicht. Doch kann diese Uneinigkeit der Entwicklung der Soziologie nicht schaden. Auch Menschenbilder gehören in jenen Bereich der Meta-Theorie, aus dem oft die fruchtbarsten Anregungen für neue Theorien kommen.

---

[35] *J. Janoska-Bendl*, a.a.O., S. 468.

Anhang II

Einige kritische Äußerungen zum homo sociologicus

1. *A. Cuvillier*, »Homo Sociologicus« (Rezension), *Kyklos* 4/1959.
2. *H. Schelsky*, Ortsbestimmung der deutschen Soziologie (Düsseldorf – Köln 1959), S. 106 ff.
3. *H. Geissner*, »Soziale Rollen als Sprechrollen«, in: *Allgemeine und Angewandte Phonetik* (Hamburg 1960).
4. *H. Pleßner*, »Soziale Rollen und menschliche Natur«, in: *Erkenntnis und Verantwortung, Festschrift für Th. Litt* (Düsseldorf 1960).
5. *H. P. Bahrdt*, »Zur Frage des Menschenbildes in der Soziologie«, *Europäisches Archiv für Soziologie* 1/1961.
6. *A. Gehlen*, »Homo Sociologicus« (Rezension), *Zeitschrift für die Gesamte Staatswissenschaft* 2/1961.
7. *F. H. Tenbruck*, »Zur deutschen Rezeption der Rollentheorie«, *Kölner Zeitschrift für Soziologie* 1/1961.
8. *J. Janoska-Bendl*, »Probleme der Freiheit in der Rollenanalyse«, *Kölner Zeitschrift für Soziologie* 3/1962.
9. *R. König*, »Freiheit und Selbstentfremdung in soziologischer Sicht«, in: *Freiheit als Problem der Wissenschaft* (Berlin 1962).
10. *R. F. Beerling*, »Homo sociologicus. Een kritiek op Dahrendorf«, *Mens en Maatschappij* 1/1963.
11. *D. Claessens*, »Rolle und Verantwortung«, *Soziale Welt* 1/1963.
12. *J. Habermas*, *Theorie und Praxis* (Neuwied 1963), S. 173 ff.
13. *E. Garczyk*, »Der Homo Sociologicus und der Mensch in der Gesellschaft«, in: *Mensch, Gesellschaft, Geschichte, F. D. E. Schleiermachers philosophische Soziologie* (Diss. München 1963).

Die Zukunft ist noch nicht verspielt.

Der neue Bericht an den **Club of Rome** ist der praxisnahe Entwurf für eine grundlegende »Reform der internationalen Ordnung«. Unter Leitung des Nobelpreisträgers Jan Tinbergen haben 21 internationale Experten realisierbare Vorschläge zur Lösung der dringlichsten Probleme der Menschheit erarbeitet. Sie fordern fundamentale Änderungen der politischen, wirtschaftlichen, sozialen und kulturellen Verhältnisse im internationalen System und in den Ländern der Ersten, Zweiten und Dritten Welt. Konkrete Aktionsvorschläge gelten den Bereichen Abrüstung, Einkommensverteilung, menschliche Umwelt, Nahrungsmittelproduktion, Energie und Rohstoffressourcen, Industrialisierung, technologische Entwicklung, internationale Währungsordnung, Transnationale Unternehmen und Verwaltung der Meere.

Der Bericht ist ein neuer Anstoß für den notwendigen Dialog zwischen Öffentlichkeit, Bürgern, Politikern und Experten. Nur durch schnelles, entschlossenes Handeln können wir unsere und der Menschheit Zukunft sichern. Richtung und Ziele des Handelns weist dieses Buch.

1977. 358 Seiten
Format: 15,5 × 22,6 cm

ISBN 3-531-11391-7

Westdeutscher Verlag